JN443011

배려와 학습

Caring & Study

신창호 저

박영사

머리말

세계적인 석학들이 21세기 시대정신, 혹은 삶의 가치로 '배려(配慮)와 협력(協力)'을 언급한다. 그것은 서구 근대 산업 사회 이후, 인류 문명이 얼마나 '비배려(非配慮)와 비협력(非協力)'에 매몰되었는지를 반증하는 화두이기도 하다. 그렇다고 비배려가 독단이나 독선, 고집, 혹은 자기주장과 동의어인 것은 아니다. 비협력도 경쟁이나 지배, 자기추구만을 의미하는 것은 아니다. 왜냐하면, 인간의 삶과 행동에는 배려적 독선이나 협력적 경쟁도 존재할 수 있기 때문이다. 어쨌건, 최근 배려라는 언표가 자주 언급되는 것은 삶의 여유를 허용한다는 점에서 고무적이다.

나는 10여 년전, 고려대학교 교양교육과정을 개편할 당시, 〈배려의 교육적 요구와 실천〉이라는 과목을 실강하여, 많은 수강생을 배출하였다. 2012년부터는 〈배려의 철학〉으로 명칭을 바꾸고 매 학기 개설하고 있다. 매년 수백 명의 학생이 수강한 것으로 기억되는데, 아마 지난 몇 년간 수천 명의 학생이 〈배려〉 강의를 함께 했을 것으로 생각된다. 이 강의를 통해 나는 개인적으로는 무척이나 기쁘다. 제자들과 함께 호흡했던 시간은 교육자의 한 사람으로서 너무나 행복하고 즐거웠던 기억으로 남아 있다. 그래서 사정이 허락하는 한, 이 강의를 지속하고 싶다.

이유는 간단하다. 나는 나의 제자들을 통해, 우리 사회의 미래를 보고 있다. 그들이 활력을 잃으면 우리 사회 또한 활력을 잃을게 분명하다. 나는 그 활력의 핵심에 '배려'가 자리함을 수시로 확인했다. 따라서 나는 제자들과 배려의 게임을 즐기기 위해 그런 사유가 녹아 있는 강의를 계속해야 한다.

나는 지난 몇 년 동안 〈배려〉 수업에서, 학생들이 '배려'하는 사유와 실천 경험을 통해, 자신의 삶과 타자의 인생을 진지하게 성찰하는, 참대학생의 모습을 목도하였다. 그것은 고등교육의 새로운 가능성이었고, 시대 정신을 반영한 학습의 전환과정이었다. 나는 '배려'와 관련된 내용을 참고로, 학생들과 다양한 방법으로 논의하였다. 배려가 담긴 사유를 검토하고, 조별 협동 학습을 통해 배려의 의식을 숙지하며, 배려를 체험하는 상황을 조성하였다. 그것은 일종의 만남이자 대화였고, 소통의 장이었다.

2009년에, 〈배려, 교육을 향한 열정〉이라는 책을 펴낸 적이 있었다. 그것은 배려 이론과 3~4년에 걸쳐 학생들이 발표하고 토론하여 과제로 제출한 사례를 모은 것이었다. 이 책은 그것을 바탕으로 하되, 학생들의 사례 부분을 삭제하고 '학습' 부분을 대폭 보완하여 새로 엮은 것이다. 제1부는 배려이고 제2부는 학습이다. 배려 부분에서는 이 시대에 왜 배려가 필요한지, 그 시대 정신과 대학생들의 자화상을 고민하기 위해 다양한 차원의 배려 사상과 이론을 제시하였다. 학습 부분에서는 대학생으로서 학습의 중요성과 실제적 방법을 워크숍 형식으로 구성하여 스스로 테스트 할 수 있도록 구성하였다. 특히, '학습' 부분을 구체적으로 제시한 이유는 많은 대학생들이 왜 자신이 공부를 하는지, 어떻게 공부에 접근해야 하는지, 해매는 경우를 많이 보았기 때문에, 이에 조금이나마 도움을 주기 위해서이다.

아무쪼록 이 책을 통하여, 배려와 학습에 대한 자기성찰의 시간이 많은 사람들에게 주어지기를 기대한다. 특히, 학습을 통한 배려 정신이 조금이라도 앙양되기를 소망한다.

2012. 1. 안암동 연구실에서

수당 신창호

차 례

PART 1 배려하는 삶

CHAPTER 01 시대 정신

CHAPTER 02 배려의 의미

CHAPTER 03 한국의 전통사상에 보이는 배려 정신

CHAPTER 04 세계 4대 종교에 나타난 배려의 사유

CHAPTER 05 동서양의 배려 사상들

CHAPTER 06 배려 실천을 위한 요건들

PART 2 학 습

CHAPTER 07 공부와 학습, 그리고 내성과 교통

CHAPTER
08 배려를 위한 학습법 워크숍

보 론

P/A/R/T 1

배려하는 삶

CHAPTER 01 시대 정신

현대는 21세기이다. 모든 시대를 통틀어 볼 때, 각 시대는 당대를 대표하는 문화적 소산이 존재한다. 인간의 정신적 태도나 양식(樣式) 또는 이념을 지니고 있다. 그것을 시대 정신(時代精神, Zeitgeist)이라고 한다.

헤겔은 시대 정신을 역사의 과정과 결부시켜 언급하였다. 그것은 개인의 인간 정신을 넘어선 보편적 정신 세계가 역사 속에서 자기 전개해 나가는 과정의 양태이다. 특히, 민족 정신과 결부시켜, 동양 · 그리스 · 로마 · 게르만의 4단계로 구분하였다. 콩트는 이를 어린이에서 어른이 되기까지의 개인의 정신적 성장 과정과 비교하였다. 그리고 고대에서 근세까지의 정신의 발전 단계를 신학적 · 형이상학적 · 실증적이라는 3단계로 나누었다. 유물사관에서 본다면, 시대 정신은 이데올로기로서 각 시대의 경제적 구조로 인식할 수 있다.

그렇다면, 21세기 인류의 시대 정신은 무엇일까? 리프킨은 "협력하고 배려하는 세상"을 시대 정신으로 고려하였다. 그것은 "서열을 하찮게 여기고 네트워킹 방식으로 사람이나 세상과 관계를 맺으며, 협력이 체질화되어 있고, 자율과 배척보다는 접속과 포함에 관심이 있으며, 인간의 다양성에 감수성이 강한 특징을 지닌다. 아울러 분산적이고 협동적이며 비위계적인 공감적 사회이다."[1)]

---

1) J. Rifkin(이경남 옮김), *The Empathic Civilization*(『공감의 시대』)(서울: 민음사, 2010), 673-677쪽.

이 지점에서 우리는 우리 시대의 정신을 고민하면서, 배려와 학습이 왜 중시되는지 고려할 필요가 있다.

1. 문명의 진화

린네(C. Linne, 1707~1778)는 인간을 '호모사피엔스(Homo sapiens)'로 명명하였다. '지혜가 있는 사람!' 인간의 본질을 이성적 사고능력을 지닌 것으로 파악한 호모사피엔스라는 규정은 인간을 '슬기로운 사람'으로 자리매김하게 만들었다. 그리하여 인간은 동물 중에서도, 본질적이며 특징적 징후를 통해 다양하게 묘사되어 왔다.

인간은 도구를 사용하는 동물이다.
인간은 이성적 동물이다.
인간은 정치적 동물이다.
인간은 사회적 동물이다.
인간은 유희의 동물이다.
인간은 경제적 동물이다.
인간은 노동하는 동물이다.
인간은 교육적 동물이다.

또한 인간은 역사적 패러다임의 변화에 대한 연구를 통해, 시대별로도 다양한 차원에서, 자신을 구명해 냈다. 원시 사회는 공동생산 공동분배에 의존한 초보적 형태의 공산제가 지속되었다. 고대 사회에서는 노예의 힘에 의지한 노예제도가 생산활동에 긴요하게 이용되었다. 중세 시대에는 봉건 영주와 농노의 관계에 의한 봉건제도가 시대 유지의 근간이었다. 근대 사회에는 산업혁명과 더불어 자본이 형성되고 발달하면서 자본이 시대를 이끌어가는 핵심동력이 되었다.

한편, 국가를 다스리는 주체의 양식도 다양하다. 고대 그리스의 직접 민주정치에서 중세의 황제, 근대 민주주의 제도의 탄생에 이르기까지, 역사는 살아 움직였다. 한 집단의 주인이 왕이었던 시절, 그것이 부족이었다면 부족장, 조그만 나라였다면 주군(主君), 보다 큰 규모의 국가였다면 왕, 온 세상을 다스렸다면 황제의 지위를 누렸던 사회가 있었다. 이른 바, '왕정(王政)'으로 통칭할 수 있는 시대는 '군주-신하(백성)'라는 '지배-피지배'의 관계가 공인되었다. 어떤 때는 몇몇 지도자가 협력하여 다스리던 공화정(共和政)도 있었다. 온전하지는 않지만, 현대 사회는 모든 국민이 주인이고 모든 권력이 국민으로부터 나온다는 민주주의(民主主義)가 제도적으로 정착하였다.

이처럼 다른 동물에 비해 독특한 특징을 지닌 인간은, 스스로 만들어낸 문명과 문화의 길을 통해, 인류 사회를 창출해 간다. 그렇다면 이 모든 정의(定義)의 시비(是非)를 떠나 우리는 어떤 시대를 살고 있을까? [그림 1]과 같이 우리는 우리가 살고 있는 시대를 탐색하기 위한 물음표(?)에 어떤 답을 할 수 있을 것인가? 위에서 언급한

그림 1 문명과 사회 변화

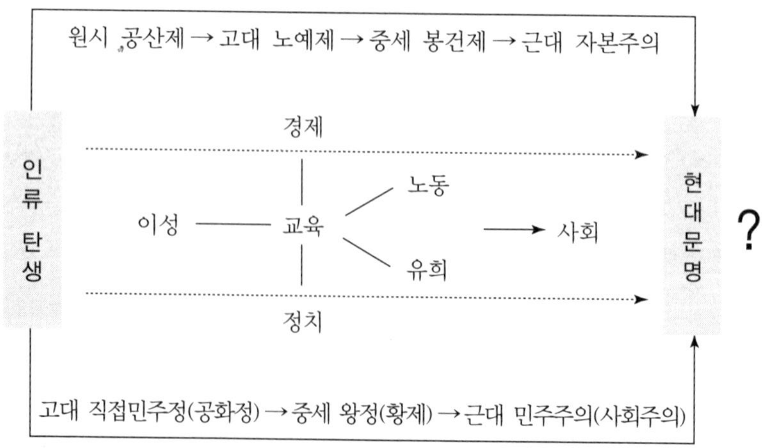

인간의 특징 중에서, 도구를 사용하거나 다양한 자원을 이용하여 산업을 발달시켜온 예를 통해, 우리 시대를 유추하고 진단해 볼 수 있으리라.

세계 곳곳의 박물관을 가보면, 그 지역을 살았던 인류의 자취를 잘 정돈하고 있다. 원시 사회에서 현대에 이르는 역사의 흐름은 일반적으로 다음과 같이 묘사된다.

원시 시대에는 석기(石器)를 사용했다. 그들의 생활은 석기를 사용하여 어로(漁撈)·채집(採集)·수렵(狩獵)을 하고, 삶에 필요한 수단을 확보한다. 인지의 발달과 더불어 지하 자원을 활용하게 되면서 청동기(靑銅器)를 발명한 인간의 삶은 이전과 확연하게 달라진다. 석기에 비해 정교하게 만들어진 청동기를 통해, 다양한 형식의 삶의 기술을 확보한다. 농경기술은 더욱 세련되고, 전쟁을 통해 정복과 통합을 이루며 국가가 성립된다. 철기(鐵器)의 보편화는 훨씬 강력한 사회를 형성한다. 철의 성질처럼 난단한 차원의 인간 조직이 움직이고 산업의 획기적인 변화를 가져왔다.

산업혁명은 그야말로 모든 부문에서 말 그대로 혁명을 가져오는 계기가 되었다. 인류 역사의 동력이 코페르니쿠스적 전환을 맛보는 시점이었다. 특히, 과학기술의 발달과 더불어 다가온, 농업 사회에서 공업 사회로, 정보 사회로의 전환은 삶의 양식 자체를 서서히, 때로는 급격하게 바꾸어 나갔다. 우리는 어디에 서 있는가? 우리는 우리 자신을 찾지 못할 위기에 몰려 있는 것은 아닌가?

도구 사용과 산업의 발달을 기준으로 보아도 현대 사회를 표현하는 다양한 말들이 있다. 정보기술(IT: Information Technology), 환경기술(ET: Environmental Technology), 생명공학기술(BT: Bio Technology) 등 첨단과학기술의 막강한 영향 아래, 테크놀로지(technology)는 인간을 지배하고 있는 듯하다. 그 말들 사이의 핵심에 기술(技術: technique)이 자리한다.

그림 2 도구 사용과 산업의 변화

구 분	특 징	현 대
도구 (재료) 변화	석 기 청동기 철기	?
산업 변화	수렵 · 어로 · 채집 농업(상업 · 공업) 산업(상업 · 공업) 정보 · 지식	복합성 상호의존 네트워크 불가규정 이중인화
능력 변화	육체적 힘 ⟷ 정신적 아이디어 근 력 ⟷ 창의력 기 초 ⟷ 응용 · 적용	

2. 첨단과학기술의 발달

첨단과학기술이 발달하기 이전, 기술은 넓은 의미에서 인간의 욕구나 욕망에 적합하도록, 주어진 대상을 변화시키는 모든 인간적 행위였다. 기술이란 말은 고대 그리스어 '테크네(technē)'에서 유래한다. 그 어원(語源)은 원래 목수(木手)의 기술을 의미했다. '엮다, 짜맞추다, 자르다, 목공일을 하다'와 같은 뜻으로 사용되었다.

고대 그리스에서는 기원전 7세기~기원전 5세기경에 도시 국가가 건설되면서 직업적 분화가 확산되었다. 이 시기에 목공기술은 합리성을 대표하는 기술로 인정받게 된다.[2] 그러나 기원전 4세기경, 플라톤(Plato, B.C. 427~B.C. 347)의 저술에서 등장하는 테크네의 개념

2) 주광순, 「고대의 technē에 대한 존재론적 반성에 대한 현대 과학 · 기술 사회의 관점으로부터의 검토」, 대동철학회, 『대동철학』 18(2002) 참조.

은 그 이전보다는 더욱 진일보한 형태를 띈다. 이 당시, 테크네 개념은 '아무나 소지하지 못하는 특별한 솜씨, 지식, 경험, 그리고 실천적 적용가능성' 등으로 설명된다. 플라톤이 『국가』에서 테크네 개념을 설명하면서 '의술(醫術)'의 예를 자주 들고 있는 것은 바로 이러한 이유에서이다.

플라톤의 『국가』 1장의 대화 부분에서 폴레마르코스는 '정의(正義: dikaiosyne)'에 대해 '각자에게 합당한 것을 갚는 것'으로 규정하면서 논의를 진행한다. 여기에서 플라톤은 '합당한'을 전문적인 지식과 숙련을 필요로 하는 행위의 차원으로 이해한다. 이는 기술(technē) 개념과 밀접하게 연결되고 있다. 이때 기술 개념은 부정적인 측면과 긍정적인 측면으로 구분할 수 있다.[3)]

기술의 부정적 측면으로는 기술의 제한성, 기술의 양면성, 기술의 중립성이 있다. 기술은 특정한 상황에서만 사용된다. 따라서 그 상황이 종료되면 그 상황에 맞는 기술은 더 이상 의미를 갖지 못한다. 기술은 또한 가치와 상관없기 때문에 양면적이다. 집을 잘 지키는 자는 집을 가장 잘 터는 능력을 알게 될 것이다. 마찬가지로 기술의 결과는 그것을 사용하는 사람의 품성에 따라 달라지는 만큼, 기술은 중립적 속성을 지니게 된다.

기술의 긍정적 측면으로는 기술의 완결성, 약자의 이익, 돈벌이 기술과의 구별이다. 기술은 그 자체로 완결하다. 기술이 완결되지 못하고 다른 무언가를 필요로 하게 된다면 그것은 더 이상 기술이 될 수 없다.

플라톤에 따르면 의사는 환자들의 이익을 위해 기술을 사용하고, 선장은 선원들의 안전을 위해 기술을 사용하게 된다. 이처럼 기

3) 김인곤, 「플라톤 『국가』-철학 텍스트들의 내용 분석에 의거한 디지털 지식자원 구축을 위한 기초적 연구」, 서울대 철학사상연구소, 『철학사상』 3-8(2004) 참조.

술은 모두 기술을 필요로 하는 약자들을 위해 사용하게 되므로 기술은 약자의 이익을 반영하는 긍정적 속성을 갖는다. 의술은 건강을 위해 사용되며, 조타술(操舵術)은 항해를 위해 사용된다. 예를 들어 우리가 강의를 통해 돈을 벌게 된다면 우리는 강의술과 돈 버는 기술을 함께 사용했다고 보는 것이 타당하다.

오늘날, 기술은 주로 '생산기술'의 의미로 사용된다. 일반적으로 물적 재화를 생산하는 생산기술이다. 이러한 의미의 기술은 자연적 생성이나 인간의 생산적 사고와는 구별된다.

아리스토텔레스(Aristoteles, B.C. 384~B.C. 322)의 경우, 인간 정신의 진리를 파악하는 한 방법으로 테크네를 프로네시스[思慮]·에피스테메[認識]·소피아[智慧]·누스[理性]와 같은 선상에 놓고 논의하였다. 즉, 테크네를 외적인 것의 생산을 목적으로 하는 프래크시스[製作]라고 정의하였다. 이는 고대·중세를 거쳐 산업혁명 시대까지 가장 포괄적인 기술의 의미로 이해되어 왔다.

그러나 과학기술의 발달과 산업혁명에 의한 기계문명의 출현으로 기술에 대한 새로운 정의가 요구되었다. 현대 사회에서 기술이란 무엇인가? 기술론은 크게 두 가지 차원에서 논의된다. 하나는 의식적용설(意識適用說)이다. 이는 인간의 생산적 행위에 객관적 법칙을 의식적으로 적용하는 것, 즉 과학을 응용하는 작업이다. 다시 말하면 인간 행동의 목적의식성과 합법칙성을 지적하고 인간 행동의 주체성을 강조한다. 다른 하나는 수단체계설(手段體系說)이다. 이는 인간의 생산활동에서 노동수단과 그 체계를 기술로 본다. 즉, 기술은 '어떤 사회적 체계 내에서 발전하는 노동수단' 또는 '자연에 관한 인식에 의지하여 인간에 의해 창조되는 노동수단의 총체' 등으로 규정된다.[4)]

4) 두산백과사전 EnCyber & EnCyber.com.

인간의 모든 활동에는 하나의 기술이 있었을 것이다. 그런데 활동은 그 나름의 목적을 가지고 그것을 추구한다. 그런 차원에서 막스 베버(M. Weber, 1864~1920)는 기술에 대해 다음과 같이 언급한다.

> 어떤 활동의 기술은 우리의 정신 속에서는 그것의 실행에 필요한 수단들의 총체이다. 그 활동의 방향이나 목적과는 대조적으로 결국에는 활동이 기술의 방향을 결정한다. 합리적 기술은 우리에게 의도적으로나 방법적으로나 경험과 반성, 점점 고도화되는 과학적 고찰을 따라 고안되는 수단들을 사용하는 것이다.
>
> 그와 같이 이해된 기술은 모든 활동 속에 있으며, 사람들은 기도의 기술, 금욕의 기술, 반성과 탐구의 기술, 기억의 기술, 교육적 기술, 정치적이고 성직자적인 지배의 기술, 전쟁의 기술, 음악적 기술, 조각하는 기술, 회화의 기술, 법률적 기술 등에 대해 말할 수 있다. 게다가 모든 것은 어느 정도의 매우 변화무쌍한 합리성을 받아들인다.[5]

인간이 어떤 활동을 할 때, 그 목적과 목적 실현에 필요한 매개물들을 구분할 수 있도록 정교화를 거친 모든 활동에, 도처에 기술은 존재한다. 즉, 기술은 모든 것에 대해 존재한다. 문제는 과학을 기술에 투입했을 때이다. 과학과 기술의 만남! 그것은 산업혁명을 통해 산업 사회를 낳았다. 이른 바 과학기술은 인간의 삶에 막대한 영향을 미쳤다. 믿을 수 없을 정도로 높아지는 기술의 효용성은 기술을 일상생활의 세세한 부분까지도, 특히 기계화의 형태로 침투시켰다. 이는 경제적 생산과 사회생활을 총체적으로 뒤흔들었다.[6] 문제는 인간이다. 과학과 기술이 첨단으로 향해 나아갈수록 과학기술에 대한 기대와 환상은 높아졌다. 동시에 그것은 기술공포증을 낳는 계기가 되었다.

---

5) J. Y. Goffi(황수영 옮김), 『기술철학-테크노월드 속의 도구적 인간』(파주: 한길사, 2003), 37쪽 재인용.

6) 위와 같은 책, 22~23쪽

3. 지식 정보화 사회의 진전

과학기술의 발달은 인간에게 어떻게 인식되었을까? 삶의 도구로 적정한가? 아니면 또 다른 성찰을 요구하는가?[7)]

이에 대해 미국의 저명한 미래 정치학자 프란시스 후쿠야마(F. Fukuyama, 1952~)의 의견을 경청할 필요가 있다. 그는 『역사의 종말-역사의 종점에 선 최후의 인간』이라는 저서에서 19세기를 '낙관주의'로 본 반면 20세기를 '비관주의'로 진단했다. 그가 19세기를 낙관적으로 바라본 이유는 크게 두 가지이다. 하나는 근대 과학이 질병이나 빈곤을 정복함으로써 인간생활을 개선해 줄 것이라는 점이었고, 다른 하나는 자유 민주주주의 체제가 더욱 더 많은 나라로 확산될 것이라는 기대감이었다. 그런데 인류는 20세기를 살면서, 그것도 인간 자신에 의해, 역사상 가장 쓰라린 경험을 했다. 즉, 1, 2차 세계대전, 산업 성장과 그 반대 급부로 발생한 환경오염, 생태계 파괴, 지구 온난화, 인간 소외와 물화 등 비참한 체험은 과학과 테크놀로지에 바탕을 둔 진보 논리에 커다란 의문을 던져 주었으며, 심각한 지성의 위기를 초래했다.[8)]

이러한 20세기를 체험한 인간은, 사느냐 죽느냐의 생존 위기에 직면하면서 새로운 시대를 맞이하였다. 그것은 '정보화 사회'로 대변된다. 때로는 '지식기반 사회' 혹은 '지식기반 정보화 사회'라고도 한다. 이런 정보화 사회는 몇 가지 특징으로 설명할 수 있다.

첫째, 사회적 측면에서 보면, 정보화 사회는 정보가 핵심적인 사회 · 문화 · 경제적 자원으로 생산 · 소비 · 유통되는 사회이다. 때

7) 강선보 · 신창호, 『교육의 이해』(서울: 동문사, 2009), 188~191쪽.
8) F. Fukuyama(이상훈 옮김), *The End of History and the Last Man*(『역사의 종말-역사의 종점에 선 최후의 인간』(서울: 한마음사, 1995), 31-33쪽.

문에 정보와 관련된 기술과 기계가 사회의 보편적 가치인 민주화에 적극적으로 기여할 수 있다.

둘째, 사회 관계적 측면에서 고려할 수 있다. 그것은 정보화로 인해 사회적 상호작용의 시공간적 제약이 약해지는 사회이다. 그러므로 정보매체를 장악한 자와 그렇지 못한 자 사이의 간격이 확대될 수 있다. 뿐만 아니라, 정보나 기업의 정보 독점과 통제가 약화되어 정보에 대한 접근과 소유가 계층적 · 지리적으로 평준화될 수 있다.

셋째, 기술적 측면에서 생각할 수 있다. 즉, 정보 교환에서 쌍방향적 네트워크가 가능해지는 사회이다. 이는 다양한 정보의 생산과 전달에 종사하는 사람들의 지적 창조력을 정당하게 평가받을 수 있게 하고, 정보 산업을 사회의 주요 산업으로 부각할 수 있다.

그러나 정보는 아주 다양한 상품과 서비스가 차지하는 전혀 판이한 경제의 구성요소인 새로운 인풋(Input) 가운데 하나에 불과하다. 정보가 많다는 것은 새로운 새료, 새로운 생명체, 또는 새로운 로봇 정도의 중요성이 있을 뿐이다. 이런 정보를 바탕으로 '지식'이라는 시대 정신에 충실한 새로운 개념이 창출된다.

그것이 이른 바 지식기반 사회이다. 지식기반 사회는 '정확하게 지식을 어떻게 장악하느냐'의 문제가 주된 관건이다. 다시 말하면, 근대적 의미의 생산요소로서 '노동'과 '자본'의 중요성은 감소하고 지식의 중요성이 증가한다. 여기에서 지식은 단순히 세계의 사실들을 인지하는 행위가 아니다. 주어진 환경 속에서 인간의 모든 지적 행위를 구조화시키고 정신적 활동에 필요한 자료의 수집과 해석을 지속시키는 일은 정보에 불과하다.

진정한 의미의 지식은 우리의 관심이나 목적과 관련하여, 정보의 의미를 이해 · 평가하여 내면화하고 활용할 수 있게 된 것을 의미한다. 정보가 전달받은 사람에 의해 습득되고 가공되어 그 사람의 인간성의 일부가 될 때, 지식이 된다. 내면화한 지식은 사람의 마음을 형성하고, 행동으로 나타난다. 그러한 지식의 자기 운동은 새로운 지식을 창출하면서, 그 자체가 생명력과 생산성을 지니게 된다. 그 생명력과 생산력이 다름 아닌 창의력이요, 독창성이다.

지식 정보화 사회에서의 지식 확보는 대단히 중요하다. 그런데 일반적으로 지식은 인간 개인의 인지적 능력 함양을 중요하게 여기는 것처럼 이해된다. 문제는 공동체로서의 인간이다. 정보-지식으로 이어지는 개인적 능력은 무한으로 치닫지만, 함께 더불어 사는 배려 차원의 지식과 실천은 제한적이다. 이 지점에서 우리는 기술이 갖는 의의와 한계, 그 틈새를 읽을 필요가 있다.

4. 사회 패러다임의 변화

정보화, 지식기반 사회에서 교육은 정보 분석과 지식을 장악하는 문제가 관건이다. 그것은 인격 도야와 지식의 습득을 주축으로 해왔던 전통교육을 해체했다. 왜냐하면 교육 패러다임(paradigm)의 전환이 이루어졌기 때문이다. 새롭게 등장한 지식 사회는 다음과 같은 교육적 관심이 부각된다.[9]

첫째, 새로운 지식인이 교육적 인간상으로 등장한다.

둘째, 사실적 지식 및 방법적 지식을 포함하되 지식기반 사회가 요구하는 새로운 유형의 지식이 강조된다.

셋째, 생산요소로서 지식・정보가 갖는 결정력에 대한 관심이 증대하고, 실용적 지식과 지식을 창의적으로 활용하는 지식, 고부가 가치를 창출하는 지식이 강조된다.

넷째, 계속교육과 직업교육, 사회교육의 필요성이 증대된다.

다섯째, 지식 하부구조로서 정보기술체제가 광범위하게 도입되

9) 강선보・신창호, 앞의 책, 191~193쪽.

고 네트워크 교육정보망이 구축된다.

여섯째, 유연하고 경쟁력을 지닌 교육체제를 지향하는 교육의 재구조화가 진행되고 학교의 기능과 교사의 역할이 변화된다.

근대 공교육에서 교육은 곧 학교교육(schooling)을 의미했다. 그만큼 학교교육이 중시되어 왔다. 그러나 이제는 과학기술의 발달, 지식의 폭발적 증가로 교육은 직업교육, 평생교육의 차원에서 삶의 전 영역으로 확장된다. 또한 단일하고 획일적이며 막연한 차원의 인격 함양이나 사회에의 기여라는 교육목적과 내용보다는 훨씬 다양하고 구체적이며 자기와 관계된 방식의 교육담론을 양산한다. 즉, 환경·생태, 인권, 평화, 통일, 여성, 죽음, 부모, 노인 문제 등을 교육에서 적극적으로 다룬다. 이는 관계의 성찰이라는 측면에서 필연적으로 배려의 가치 개입을 요청한다.

지식기반 정보화 사회는 경제적 측면에서는 자원의 효율적 이용과 생산성 향상을 위해 컴퓨터와 컴퓨터 통신에 의한 정보화의 필요성이 대두되면서 출현하였다. 한편, 사회적 측면에서는 물질적 풍요에 따른 사회적 자아실현의 욕구충족을 위한 정보욕구가 다양화한 데 있다. 게다가 과학기술의 급속한 발달은 컴퓨터를 더욱더 소형화·저렴화·지능화함으로써 그 보급을 가속화 시켜 대중화에 기여하였다. 동시에 정보처리기술과 통신기술이 보편화 되면서 정보사회는 순식간에 이루어졌고, 급속도로 변화하고 있다. 이런 사회변화는 인간의 생활양식과 사고를 변화시켰고, 교육의 방향에도 중대한 영향을 미치고 있다.

지식 정보화 사회를 살아가려면, 기본적으로 정보를 수집할 수 있는 능력과 정보 가치를 판단하는 능력, 정보를 종합하는 능력, 정보를 저장하는 능력, 필요한 정보를 취사 선택하여 정보 부가가치를 높일 수 있는 능력, 정보 사회의 윤리 등 정보에 관한 종합적인 자질을 갖추어야 한다. 그것은 새로운 교육에 의해 가능하다. 과거처럼 단순히 읽고 쓰고 셈하기의 기초 교육만으로는 변화한 시대의 새 교육을 담당할 수 없다. 더욱 중시되는 것은 컴퓨터와 통신 기기의 활용능력이다. 게다가 정보화가 진행될수록 인터넷 신조어가 쏟아져 나오므로 새로운 용어는 계속 학습해야 하고, 일상생활에 편리하게 적응하기 위해 각종 정보 통신 기기들의 활용법을 학습해야 한다. 이는 지식기반 정보 사회의 교육이 학교교육만으로는 한계가 있다는 의미이다. 이제는 언제 어디서나 배울 수 있는 평생교육체제의 구축이 절대적으로 필요하다.

지식 중심의 사회에서는 새로운 지식을 창출하고 이 지식을 적합하게 응용하여 지식의 부가가치를 높이는 작업, 즉 지식의 생산성을 높이는 작업이 중요한 과제로 부각된다. 그러나 학교교육은 지식 주입의 양이 엄청나게 많음에도 불구하고 그러한 지식들이 삶의 유용한 도구로 활용되지 못하고 있다. 현대 사회는 지식을 많이 알고 있는 인간보다는 다양한 지식을 종합해서 응용하고 재창조하는 창의적 사고를 가진 인간이 주도하는 사회이다. 또한 지식 사회에서는 지금까지 학교에서 다루지 못했던 지식을 정보 공학을 도구로 활용함으로써 자기 자신을 스스로 가르치는 교사가 될 수 있다. 즉, 스스로 학습하는 방법을 터득할 수 있기에 독립적인 학습자가 될 수 있다. 산업 사회에서는 교육과 훈련이 강조되었지만, 지식 정보화 사회에서는 자기 학습(self learning)이 강조된다.

급변하는 사회 속에서 학교교육은 중요하면서도 한계를 노출한다. 인간의 지식은 기하급수적으로 증가하므로, 배우고 버리고 또 배우고 다시 버리는 것이 정보 사회의 특징이다. 이처럼 지식의 급속한 증가로 비즈니스의 수명이 짧아지고, 일의 성격이 자주 바뀌어 직종의 변화와 새로운 직종의 탄생이 일상생활에서 벌어지므로 과거처럼 평생직장에 안주한다는 것은 거의 불가능하다. 엄청난 도전에 대응하고, 특정 개인이나 사회가 살아남기 위해서는 언제 어디서 누구나 교육받을 수 있는 열린교육체제가 구축되어야 한다.

지식 정보 사회는 세분화·전문화된 영역을 수많은 시스템으로 엮은 멀티미디어 사회이다. 따라서 더 많은 고도화된 인재가 필요하다. 멀티미디어는 인쇄, 음성, 영상 등 미디어의 다양한 요소들을 하나의 기계 내에 모은 것이다. 다시 말해 음성, 문자, 그래픽, 영상 등의 정보를 통합 처리해서 이 정보를 기기와 대화하는 형식으로 보고, 듣고, 느낄 수 있는 시스템을 말한다.

이제 교육도 강의실에서 단순하게 전달하는 양식을 재고할 필요가 있다. 아울러 멀티미디어를 활용한 창의성 함양교육이나 인성의 성숙을 적극적으로 고려해야 한다. 즉, 교수자에 의한 주입식·강의식 교육패턴을 지양하고, 학습자들이 다양한 방식으로 연구하고 창조하는 교육적 활동이 요청된다.

여기에서 자기 학습과 열린체제, 창의성은 다양한 교육기제들에 대한 배려에서 나온다. 자기 학습의 근원은 자기 존중감과 자기 배려의 차원이다. 열린체제는 타자로 향해가는 소통의 기초이다. 소통의 실천은 자기 개방과 타자 수용이다. 자기 학습과 열린체제가 구축되어 다양한 활동기반이 만들어 졌을 때, 배려를 실천할 수 있는 토대를 구축할 수 있다.

5. 생태 의식의 재고

현대 사회 최대의 위기는 고도 산업 사회와 성장의 그늘에서 죽어가는 인류생태계이다. 생태 의식은 인간과 자연의 역동적이고도 간주관적인 상호작용이 일어나는 장에서 생명체 간의 생존하는 방식을 규명하고 이것이 인간 현상에 주는 시사점이 무엇인가를 철학적으로 사유한다. 특히 중세 말부터 뿌리내린 인간 중심주의의 철학적 한계를 비판하면서 이성과 과학에 토대를 둔 모더니즘적 세계관을 문제 삼는다. 아울러 인간의 자기 본위, 경쟁, 소유 등과 같은 자본주의 사회의 지배적인 가치를 근본적으로 재검토 한다.

그러기에 생태 의식은 지구촌의 모든 생명들을 전체 네트워크 안으로 통합하고, 상생(相生)의 관계를 회복하여 생명 존중의 문명 창조라는 거대한 담론을 제시한다. 과학기술은 인간과 자연을 분리한다. 자연은 오로지 인간 삶의 증진을 위한 지식을 제공하는 객체적 대상으로 간주된다. 그러므로 생명을 경시하고 파괴하는 가혹한 비인간화 현상을 낳았다. 그럼에도 불구하고 기존의 근대 공교육은 이러한 인간 중심의 과학적 · 철학적 인식론에 기초하여 전개되었다.

생태주의자들은 생태 파괴의 원인이 인간을 자연으로부터 분리시키는 과학의 이원론적 사고에서 비롯되었다고 본다. 서구 근대 철학을 연 데카르트(R. Descartes, 1596~1650)는 정신을 주체로 하고 물질을 객체로 설정하여, '정신-물질'을 확연히 구분짓고, 인간과 자연에 대한 이원론적 인식의 틀을 제공하였다. 그리하여 인간이 자연을 지배하는 주체로 인식하여 인간과 자연을 분리하였다. 이런 인간 중심적 사고는 뉴턴(I. Newton, 1642~1727)으로 대변되는 과학사상으로 새롭게 발전되었다. 그 결과, 과학적 탐구로 인한 각종 신기술을 발명하였고, 이는 엄청난 경제적 발달의 추진력이 되었다. 이런 과학기술의 발달은 인간의 삶을 편리하게 만들었으나 환경과 생태계를 파괴하여 오히려 인간의 정신세계를 말살하는 방향으로 흘러왔다.

근대 이후 발전한 교육사상은 이러한 과학 철학적 입장에 부응하여 효율성을 강조하였고, 도덕 및 윤리 문제는 이차적인 것이 되고 말았다. 특히 기술적 업적과 효율성을 추구하는 인간 자원 개발을 주목적으로 삼았다. 다시 말하면 교육학에서 목적론과 방법론의 분리, 즉 가치와 지식의 분리 현상을 초래하였고, 목적론에 대한 방법론의 우세를 중시하게 되었다.

기존의 교육은 어떻게 하면 인간의 내적 힘을 키워서 자연으로부터 더 많은 자원을 획득하는 도구로서의 지식과 기술을 생산하고, 그것을 어떻게 효과적으로 전달할 수 있는가에 주된 관심을 두고 있다. 그러나 생태학적 주장들은 교육이 자연을 인간 생명과 연결된 생명체로 인식하는 교육철학과 이러한 생명체가 협동하며 공생하는 상생(相生)관계를 기본 원리로 삼는다. 다시 말하면, 생태주의는 인간과 자연, 그리고 인간과 인간 사이의 생태학적 유대성을 존중한다. 아울러 새로운 세대들에게 더 좋은 사회 발전에 이바지 하게 한다. 이제 교육은 현재의 생명 경시 현상, 생명 파괴 현상을 인간 자체의 변화나 사회구조의 변화에서 뿐만 아니라 인간과 자연의 상생의 관계를 증진하는 데 관심을 가져야 한다.

생태적 교육의 과제는 교육의 대상 범주를 인간과 자연이 상호작용하는 장으로 만드는 것이다. 다시 말하면, 자연과 인간이 일체감을 이루어 자연을 대하는 인간의 사고와 행위가 혁신적으로 바뀌게 되어 학생들이 환경 친화적 태도를 형성할 수 있도록 하는 일이다. 동시에 인간과 자연의 상생을 위한 생명력을 활성화 할 수 있는 계기를 마련하여 학생들이 생태윤리를 배양할 수 있도록 한다. 이는 배려의 실천을 통해 효율성을 배가할 수 있다.

생태 의식 차원에서 배려의 가치는 어떻게 제기될 수 있는가? 그것은 더불어 사는 인간의 가치, 인간 본성의 핵심, 지속가능한 토대를 형성할 새로운 가치와 연관된다.[10] 특히, 인간을 중심으로 지속가능한 개발이 논의되어야 하고, 인간이 자연과 조화를 이루는 건강하고 생산적인 삶을 향유할 수 있어야 한다.[11]

---

10) L. W. Milbrath(이태건 외 옮김), *Envisioning a Sustainable Society*(『지속가능한 사회』)(고양: 인간사랑, 2001), 134~139쪽.

11) B. Breul(윤선구 옮김), *Agenda 21*(『아젠다 21』)(서울: 생각의 나무, 2000), 22쪽.

인간에게 가장 중요한 가치는 자신의 생명을 보존하려는 본능적 욕구이다. 이는 너무나 상식적이고 당연한 것이므로 가치로 간주되지 않을 정도이다. 그런데 어떤 사람들은 타인의 삶을 거의 고려하지 않고 오직 자기 자신의 삶을 보존하고 향상시키는 데만 매달린다. 이런 가치구조는 생태 의식 차원에서는 결코 용인될 수 없다. 여기에서 배려의 가치를 고려해야 한다.

배려를 고려할 때, 개인적 가치와 사회적 가치는 구분되어야 한다. 시민 사회, 혹은 환경 문제로 대두한 지속가능한 사회를 위하여, 개인은 이기심을 버리고 타인에 대한 배려를 지닌 가치구조를 길러가야 한다. 우리는 이 사회를 위해, 환경을 위해, 모두가 함께 살아가기 위해 어떤 가치관을 함양해야 하는가? 그것은 다음이 정리할 수 있다.

첫째, 풍요로움을 지향해야 한다[豊]. 인류의 기본적 욕구를 충족시키는 데 필요한 자원이 부족하다는 것은 삶을 위협한다. 풍부한 지역 자원의 활용을 통해 이를 극복함으로써 더 이상 그러한 부족함이 없도록 해야 한다.

둘째, 재생가능해야 한다[重]. 재생가능한 방식을 통해 자원들을 생산하고 분배해야 한다. 예컨대, 유기농업이 토양을 재건하듯이, 인간은 자연체계에 생기를 불어 넣어야 한다.

셋째, 신뢰를 형성해야 한다[信]. 풍요로움을 위해서는 공급, 품질, 그리고 수량에서 안정적이이어야 한다. 또한 어떠한 장애도 생기지 않도록 믿음을 주어야 한다.

넷째, 안전을 보장해야 한다[安]. 모든 생산품과 서비스는 안전해야 한다. 특히, 노동자나 소비자 또는 환경을 위태롭게 하지 않아야 한다.

다섯째, 적절해야 한다[適]. 어떤 지역에서 무엇을 하려고 할 때, 문화, 지리, 지역 경제, 그리고 그 지역에 살고 있는 사람들의 기본적 필요성을 고려하여 결정하고 한계를 설정해야 한다.

여섯째, 평등해야 한다[平]. 자원, 생산품, 그리고 서비스는 모든 사람들이 공평하게 이용할 수 있어야 한다.

일곱째, 유연해야 한다[柔]. 우리가 만들어내는 생산품과 서비스에 관계되는 수많은 시스템들은 변화 · 성장 · 창의성, 그리고 실험에 개방되어 있어야 한다.

여덟째, 효율적이어야 한다[效]. 생산과 분배는 최대한 효율적이어야 한다. 특히, 장기적인 효율성을 가져야 한다.

아홉째, 사고가 개방되고 분권화 되어야 한다[開]. 생각이 모든 사람에게 열려 있어야 하고 다양한 차원에서 분화되어야 한다.

그림 3 지속가능한 생태적 배려

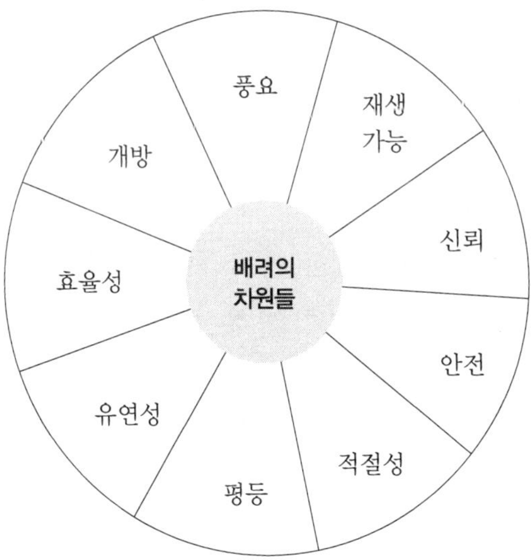

6. 한국 청년들의 자화상

21세기 초반, 대한민국의 20대 청년들은 자신들을 어떻게 규정할까? 한마디로 정의하면, 청년(대학생)들은 대체로 나(Na)를 강조한다. 그러면서도 삶의 양상이 아주 복잡하다. 때문에 기성세대처럼 한두 가지 특징을 지닌 것으로 규정하기 어렵다.

이들을 규정하는 용어는 사회학자나 마케팅 전문가들이 꼽는 것만 해도 10가지가 넘는다. 1980년대 민주화 운동을 경험했던 386세대처럼 특정한 성격을 지니지도 않았다. 20대의 행위를 보면, 이런 특징과 저런 특징이 뒤섞여 있고, 그만큼 모순적이다. 민족적이면서도 세계를 지향하고 개인적이면서도 집단과 하나가 된다. 디지털 기기에 익숙한 유목민이기도 하지만, 안정을 위해 각종 공무원 시험에 몰두하는 '공시족'이기도 하다. 촛불 시위에 너도나도 참여하는 참여 세대이기도 하고, 태극기를 앞세우며 민족 정신을 자극하는 태극기 세대로 불리기도 한다. 때로는 혼자서 방에 틀어박힌, 일명 '방콕족'이기도 하다.

한편, 20대는 자유를 생명으로 여긴다. 감정이 풍부하다. 남과 다른 것을 좋아하며 새로운 것을 추구한다. 유비쿼터스(Ubiquitous) 환경과 넷북(netbook), 핸드폰 등 각종 멀티미디어 기기를 떠나서는 살 수 없다. 그리고 무엇보다도 실용적이고, 즐거움을 우선으로 추구하는 세대이다.

이들을 흔히, 엔(N)세대라고 하는 데, 이는 '넷(Net)세대'의 줄임말로, 인터넷으로 대표되는 '네트워크세대'라는 의미이다. 엔(N)세대는 1970년대 중반 이후에 태어나 경제적 혜택과 문화적 혜택을 동시에 누린 엑스(X)세대 중에서도, 특히 컴퓨터에 익숙한 세대를 가리킨다. 대개, 1977년 이후 태어난 엔(N)세대는 인지능력이 생길 때부터 컴퓨터와 친숙해졌고, 인터넷을 자유자재로 활용하며 인터넷이 구성하는 가상 공간을 삶의 중요한 무대로 인식한 세대이다. 엔(N)세대가 10대였던 1980년대 후반과 1990년대 초는 한국 사회에 개인용 컴퓨터가 널리 보급되던 시기였다. 엔(N)세대는 생활 전반에 걸쳐 중요하게 활용되는 컴퓨터를 자연스럽게 학습했다. 엔(N)세대 이전의 티브이(TV) 세대가 티브이(TV)를 통해 일방적인 지식이나 정보를 교육받았다면, 엔(N)세대는 컴퓨터 통신을 바탕으로 한 쌍방향 정보 교환에 익숙하다. 이들은 개인용 컴퓨터와 인터넷 기술을 이용하여 학습은 물론 여가활동, 쇼핑, 사교에 이르기까지 생활에 필요한 거의 모든 활동을 온라인상에서 영위한다. 전화나 편지보다 이메일이나 채팅을 익숙하게 여기는 엔(N)세대는 길거리의 정치판 대신 피시(PC)방과 같은 자신만의 공간으로 숨어들어갔다는 비판을 받기도 한다.[12)]

이들은 4.19세대나 386, 486세대와 같은 단어 하나만으로 공통분모가 형성되던 과거 젊은 층과는 다르다. 그러기에 이들의 의식 공간 안에는 굉장히 복잡하게 충돌할 수 있는 여러 가지 논리가 공존하고 있다. 이 세대 안에서 어떤 명확한 공통점을 찾기는 힘들다. 지금 20대는 10~20년 뒤 우리 사회를 이끌어갈 중추 세력이다. 때문에 이들의 합리성이 지나친 개인주의로 흐르지 않도록 기성세대가 사회적 사명감을 제시하는 등 관심을 가질 필요가 있다.[13)]

또한, 한국의 청년들은 2030세대 혹은 88만원세대로도 표현된다. 2030세대는 20대와 30대를 아우르는 세대를 의미하는 말로, 50대와 60대를 의미하는 5060세대와 대비되어 사용된다. 2030세대는 한국전쟁을 경험하고 경제적 어려움을 겪었던 5060세대와 달리 경제적 혜택을 누리며 자랐다. 2030세대는 관습이나 고정관념에 얽매

12) 김기란 · 최기호, 『대중문화사전』(서울: 현실문화, 2009) 참조.
13) 「조선일보」(2005. 5. 13. A3면).

그림 4 20대를 특징짓는 다양한 용어

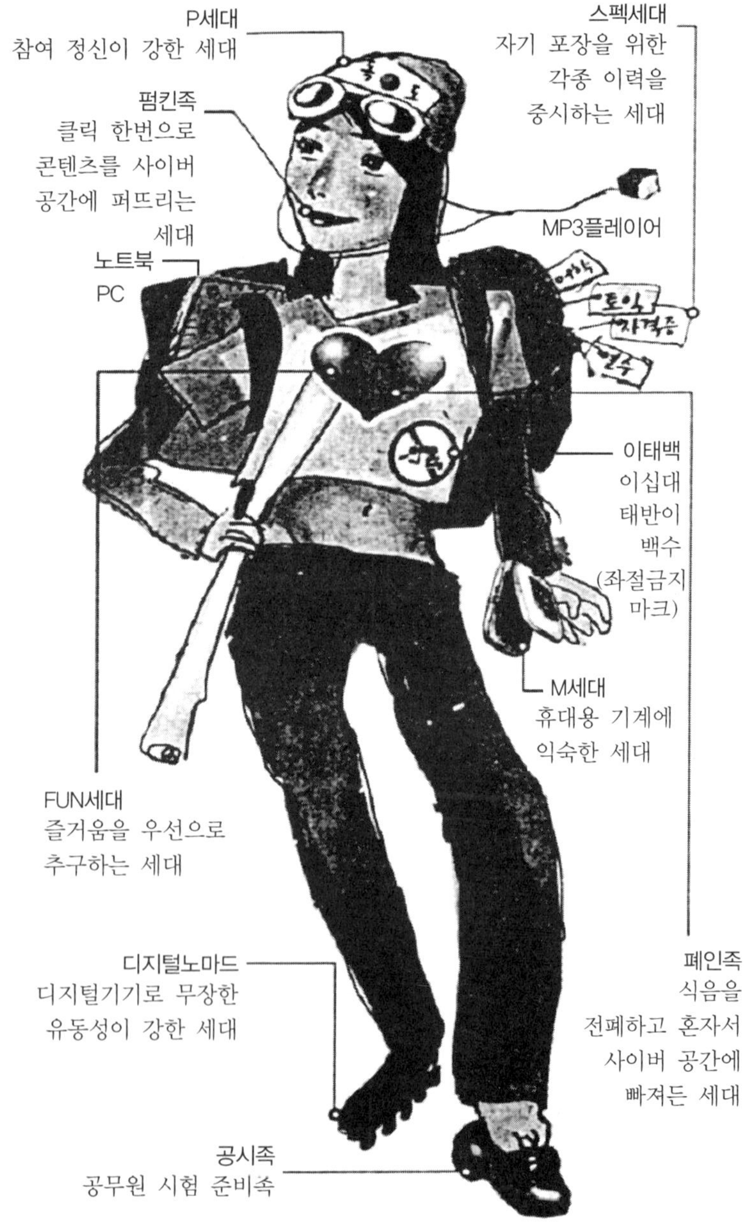

이지 않는 자유롭고 유연한 사고와 행동 양식을 바탕으로 합리적이고 진보적으로 행동하며 삶의 질과 자아실현에 대한 관심이 높다. 2030세대가 주목받기 시작한 것은 2002년 한일 월드컵 대회에서이다. 2030세대의 '붉은악마'가 주도한 거리 응원전이 국민의 호응을 얻으면서 2030세대는 한국 사회에서 영향력 있는 새로운 세력으로 주목받았다. 이전 세대에게 트라우마로 작용하던 공산당과 빨갱이를 의미하는 붉은색을 열정과 정열이라는 긍정적인 의미로 재인식시켰기 때문에 '알(R)세대' 혹은 '더블유(W)세대'라는 별칭을 얻기도 했다. 2030세대는 2003년에는 강력한 정치적 세력으로 모습을 드러냈다. 2002년 대선 당시 노무현 후보가 대통령으로 당선되는 데 결정적인 역할을 한 것이 2030세대였다는 분석이 설득력을 얻으면서, 진보적인 정치를 지지하는 정치 세력으로 이해되기 시작한 것이다. 2002년 대선에서 2030세대는 정치에 무관심하다는 기존의 관념을 뒤집고 인터넷 포털 사이트의 도움을 받아 결집된 영향력을 유감없이 발휘했다. 이들의 영향력은 "인터넷으로 무장한 2030세대가 오프라인 중심의 5060세대를 무너뜨렸다"는 평가를 받을 정도였다.[14)]

88만원세대는 경제학자 우석훈과 비주류를 자칭하는 기자 출신 블로거 박권일이 함께 쓴 책 『88만원세대』에서 시작된 말이다. 88만원세대에서 88만원은 우리나라 비정규직의 평균 임금인 119만원에 20대의 평균 소득 비율 74퍼센트를 곱해서 산출한 금액이다. 그러므로 88만원세대란 대학을 졸업한 후에도 정규직이 아닌 비정규직으로 일하는 20대의 평균 임금 소득을 통해 미래에 대한 불안 속에 사회생활을 시작해야 하는 20대를 은유적으로 표현한 단어이다. 88만원세대의 선배라고 할 수 있는 386세대는 선동열 학점이라는 0점대 학점을 받아도 대기업에 정규직으로 취직하는 것이 가능했지만, 대

14) 김기란 · 최기호, 앞의 책, 참조.

학을 갓 졸업한 88만원세대는 사회생활의 첫발을 아르바이트나 비정규직으로 시작하는 경우가 많다. 1990년대부터 기하급수적으로 늘어난 경쟁력 없는 대학교와 대학생도 88만원세대가 등장하는 데 한몫을 했다. 한국의 88만원세대는 일본의 '버블세대'나 유럽의 '천유로세대', 미국의 '빈털터리세대'와 유사한 의미로 볼 수 있다. 하지만 사회적 약자에게 보다 가혹한 한국 사회의 현실을 생각하면 이들이 피부로 느낄 비참함은 훨씬 심각하다고 할 수 있다.[15)]

그리고 향후 대한민국을 주도할 핵심계층으로 부상하고 있는 세대들로, 엑스플러스(X+)세대와 에스(S)세대가 있다. 이들 '엑스플러스(X+)세대와 에스(S)세대'는 인터넷과 스마트폰 등을 자유자재로 활용한다. 엑스플러스(X+)세대는 2011년 당시 30~40대 초반(1968~79년생)의 세대이고, 에스(S)세대는 20대 세대로 향후 대한민국의 핵심계층으로 떠오르고 있다. 이 두 세대 모두 인터넷과 스마트폰 등을 자유자재로 활용해 자신들의 의사를 표출하는 특징을 지니고 있는데, 특히, 이들은 2011년 10·26 서울시장 보궐선거의 향방을 가른 세력으로 부상하면서 주목을 받았다.

386세대 뒤를 이은 엑스플러스(X+)세대는 1990년대 초반 등장한 엑스(X)세대가 시간이 흐르며 진화한 이들이다. 1990년대 초의 기성세대는 당시 이들 계층을 이해 불가한 대상, 규정할 수 없다는 의미로 엑스(X)세대라고 명명했다. 이들은 선배세대와 달리 개인주의와 탈정치적 성향이 극명했고, 대중문화에 심취하고 재미를 추구한다는 비판을 받기도 했다. 인터넷과 휴대전화를 처음으로 자유자재로 사용한 세대로, 이들은 20대 때는 개인주의적인 삶에 치중했지만, 현실의 경제난과 정치적 변동을 경험하면서 점차 사회 참여적인 성향으로 변모했다. 즉, 철없던 엑스(X)세대에서 원숙함과 사회적 각성이 더해진(+) 엑스플러스(X+)세대로 성장한 것이다.

---

15) 우석훈·박권일, 『88만원세대』(서울: 레디앙, 2007), 참조.

에스(S)세대는 취업난과 양극화 속에 생존(survival)을 위해 힘겨운 싸움을 벌이는(struggle), 그러면서도 모태 디지털세대라 불릴 만큼 인터넷과 에스엔에스(SNS)를 자유자재로 활용하는 스마트(smart)한 세대라는 특징을 지닌다.[16]

16) 지식엔진연구소, 『시사상식사전』(서울: 박문각, 2012), 참조.

CHAPTER 02 배려의 의미

1. 사람 사이의 삶의 방식

인간의, 인간 내면의, 인간을 위해 가장 중요한 것은 무엇일까? 에릭 프롬(E. Fromm, 1900~1980)은 「어느 휴머니스트의 신조」라는 글에서 다음과 같이 고백했다.

> 나는 믿는다: 사랑이란 성숙한 인간으로 통하는 문을 열 수 있는, 이른바 '핵심열쇠'이다. 여기서 말하는 사랑이란 다른 누구, 혹은 나 자신을 제외한 그 무엇과의 일치 및 그에 대한 사랑을 의미한다. 이 때의 일치란 자신의 고결성과 자주성을 제한시킬 필요 없이 다른 이들과 관계하고 다른 이들과 하나라고 느끼는 것을 의미한다. 사랑이란 생산적인 지향성으로서, 다음과 같은 특성들이 동시에 존재하는데, 그것이 사랑의 본질이다. 우리는 그것으로써 하나가 되길 원하는 것에 관심을 갖고, 그에 대한 책임감을 느끼며, 그것을 존중하고 이해해야 한다.
>
> 나는 믿는다: 사랑의 실천은 인간을 완전한 인간으로 만들고 삶을 즐길 수 있도록 인간에게 주어진 가장 인간적인 행위이다. 그러나 내키지 않는 마음으로 사랑을 행할 때는 무의미하다.[1]

---

1) E. Fromm(R. Funk 엮음, 박영구 옮김), *Humanismus als reale Utopia*(『인간에 대한 믿음』)(서울: 자작나무, 1994), 130쪽.

‘사랑’은 ‘인간을 완전한 인간’으로 만든다. 그것은 ‘생산적 지향성’이다. 사람과 사람 사이에 가장 중요한 삶의 의미가 무엇일까? 사랑이 아닐까? 사랑은 적어도 배려하는 사람들 사이에서 움트는 인생의 싹이리라.

사람은 사회를 통해 자신을 구현한다. 사회는 사람과 사람 사이의 관계를 통해 지속된다. 기능론적 사회관에 의하면, 사회의 각 구성요소들은 사회 전체의 존속에 공헌한다. 구성요소들끼리 서로 영향력을 미치며 상호의존 관계에 있다. 사회는 조화롭게 통합되어 있는 유기체이다! 이와 다른 관점으로 갈등론적 사회관이 있다. 사회의 재화는 일정한데, 인간의 욕망은 무한하다. 그러므로 모든 사회는 이를 둘러싼 갈등과 긴장관계에 놓여 있다.

어떤 사람은 사회를 협력과 조화의 광장으로 보고, 어떤 사람은 갈등과 경쟁의 광장으로 인식한다. 무엇이 옳고 그른가? 그런 논의는 소모적이다. 사람과 사람 사이, 그 모종의 사태에서 발생하는 이 사회는 무엇으로 지속할까? 어느 현인(賢人)의 말처럼, 사람은 무엇으로 사는가? 동양의 유교 경전, 『논어』에 이런 말이 있다.

> 자기가 서려고 하는 곳에 타인도 세워 주고, 자기가 도달하려고 하는 곳에 타인도 도달하게 하자![2)]

이는 자기 마음을 타자와 더불어 하려는 착한 사람의 심경을 읊은 표현이다. 사람은, 특별한 경우를 제외하고, 내가 하고 싶은 것은 다른 사람도 하고 싶어 한다. 내가 하기 싫은 것은 다른 사람도 하기 싫어한다. 그것이 인간의 일반적 정서이다. 이와 유사한 말도 있다.

---

2) 『論語』「雍也」: 己欲立而立人, 己欲達而達人.

> 내가 하고 싶지 않는 것을 다른 사람에게 베풀지 말라![3]
> 내 몸에 베풀어 보아 원하지 않는 것을 다른 사람에게 베풀지 말라![4]

다시 설명하면, 내가 싫은 것은 남도 싫어한다. 그러니 그런 일을 다른 사람에게 시키지 말라!

우리의 유교 전통은 자기의 마음과 타인의 마음을 동시에 헤아려보는 특징이 있다. 물건을 저울질 하듯이, 인간의 삶에 관한 모든 사태를 헤아려 본다. 그것을 한 마디로 '권도(權道)'라고 한다. 유교에서는 인간의 길을 크게 두 가지로 요약한다. 하나는 '상도(常道)'이고 다른 하나는 '권도(權道)'이다. '상도'는 항상 변하지 않는 기본 윤리이고, 권도는 상황에 따라 바뀔 수 있는 삶의 지혜로 이해할 수 있다. 예를 들어 고대 사회에서 남자와 여자가 함부로 손을 잡지 않는 것이 기본 예의[常道]였다고 하자. 그런데 여자인 형수와 남자인 시동생, 즉 도련님이 함께 길을 가다가 큰 냇가에 이르렀다. 냇물이 세차게 흘러, 남자도 쉽게 건너기 힘든 상황이었다. 어찌할 것인가? 이때는 비록 여자이지만 형수의 손을 잡고 건너야 한다. 여자와 손을 잡지 않는 것이 원칙[常道]이지만, 그 원칙보다 중요한 사람의 목숨(생명)을 생각해야 한다. 이런 때 권도[權道]를 쓴다. 그렇다고 권도를 마구 써서는 곤란하다. 상도로 지킬 것은 기본적으로 지키고, 아주 특별한 상황이나 어쩔 수 없는 상황에 권도를 고려한다. 이 '권도' 속에 사람을 이해하고 관계를 중시하며 사람이 인간(人間)으로 얽히는 '배려(caring)'의 마음이 함축되어 있다. 서양에도 이와 유사한 유명한 격언이 있다.

---

3) 『論語』「顔淵」: 己所不欲, 勿施於人.
4) 『中庸』13章: 施諸己而不願, 亦勿施於人.

> 남이 해주기를 바라는 대로 남에게 하라![5]

이 말은 유명한 예수 그리스도의 산상수훈(山上垂訓)에서 유래한다.

> 사람들이 너희들에게 해주기를 원하는 것이 무엇이든 간에 너희들 역시 그들에게 그대로 하라![6]
>
> 사람들이 너희들에게 해주기를 원하는 대로 너희 역시 똑같이 그들에게 하라![7]

『구약성서』에는 "남이 너희에게 하기를 원하지 않는 것은 남에게도 하지 말라"로 되어 있다. 이는 기독교에서 최고 덕목인 '사랑'의 정신이자 타자에 대한 배려이다.

구분 자체가 모호하지만, 동양과 서양, 유교와 기독교, 공자와 예수로 대변되는 인간 행위의 색나른 구조 속에서, 위의 대표적인 두 가지 언표가 거의 동일한 양식으로 닮아 있는 것은 왜일까? 인류의 보편적 정감(情感) 때문일까? 인간의 윤리가 동서고금을 막론하고 유사하기 때문인가?

좀 거시적으로 이해하면, 인류는 하나의 인간 가족으로 연결되어 있다. 행복을 위해서 서로가 의존하고 있는 형제자매의 관계! 만남과 대화의 삶을 강조한 마르틴 부버에 의하면, 사람은 근원적으로 '나와 너', '나와 그것'의 관계구조를 이룬다.

'나-그것'의 세계에서 인간관계는 경험과 인식, 이용의 대상으로 전락한다. 즉, 사람이 사람을 이용하고, 사람이 세계를 객체로서 소

5) Do as you would be done by.
6) 마태복음.
7) 누가복음.

유한다. 이때 세계는 경험의 대상으로서의 '어떤 것'일뿐, 경험하는 주체와 적극적으로 직접적인 관계를 맺지 않는다. 방관자이자 관찰자이며 때로는 조정자로서 세계와 관계할 뿐이다.

그러나 '나-너'의 세계는 그러한 경험의 대상이 아니다. 여기에서 나와 관계하는 '너'는 뭇 성질로 분해될 수 없는 전존재(全存在)이다. 그러므로 사람은 '나-너'의 관계에서 서로 전존재를 기울여 '참 인격'으로 관계한다. 이러한 관계는 '직접적'이고 '상호적'이며 '근원적'이다. 이때 '나-너'의 관계에 들어서는 것이 진정한 만남이다. 상호관계하는 '나-너'의 '나'이다.[8)]

우리는 사람으로서 세상을 살아간다. 그러기에 나는 다른 사람에게, 다른 사람은 나에게, 어떤 행동을 기대하기 마련이다. 나는 다른 사람의 행동에 대해 행동하면서, 무언가를 기대한다. 동시에 다른 사람도 나의 행동에 대해 행동하며, 무언가를 기대한다. 그 기대의 '사이 세계'에 사람이 지켜야 할 규범이 있다.

우리는 '사람-사이(人-間)'에서 친절과 이해를 보여줄 준비를 해야 한다. 그것이 아름다운 세계를 가꾸는 기초이다. 이를 사고나 언어로 표현하는 것은 아주 쉬울 수 있다. 그러나 행동으로 옮기기엔 지극히 어렵다.[9)] 왜냐하면 자기와 타인의 사이 세계, 짝을 생각하는, '배려'를 삶의 중심에 놓아야 하기 때문이다.

그것은 '자기 희생'에 대한 톨스토이(L. N. Tolstoi, 1828~1910)의 고백을 들어보면, 쉽게 짐작할 수 있다.

말로만 아니라 진정으로 타인을 사랑하려고 생각한다면, 역시 말로만이 아니라 실제로 자기 자신을 사랑하는 것을 그만두지 않으

---

8) 강선보, 『마르틴 부버 만남의 교육철학』(서울: 원미사, 2003), 112쪽.

9) P. Milward(시사영어사편집국 옮김), *The Wisdom of the West/An Introduction to Christianity*(『서양의 지혜/그리스도교 입문』)(서울: 시사영어사, 1987), 참조.

면 안 된다. 그런데 우리는 흔히 남을 사랑하고 있다고 생각하며 자신은 물론 남에게도 그것을 믿게 하려고 한다. 그러나 남을 사랑하는 것은 그저 말뿐이고 실제로는 자기 자신을 사랑하고 있는 것이다. 남에게 먹을 것을 주고 잠자리를 제공하는 것은 잊어버리지만, 자기 자신에 대해서는 절대로 잊지 않는다. 그러므로 남을 실천적으로 사랑하기 위해서는, 남에 대해서 종종 잊어버리듯이 자기 자신에게 먹을 것을 주고 잠자리를 제공하는 것을 잊어버리지 않으면 안 된다. 희생이 크면 클수록 사랑도 크고, 사랑이 크면 클수록 그 사람의 행위는 많은 결실을 맺으며, 다른 사람들에게도 크게 이로움을 준다.

인간의 삶에는 두 가지 극한이 있다. 하나는 남을 위해 자신의 생명을 버리는 것이고, 또 하나는 자신의 삶을 전혀 바꾸지 않고 살아가는 것이다. 모든 사람은 이 두 가지 극한(極限)의 중간에서 살고 있다. 전자는 모든 것을 버리고 그리스도의 뒤를 따르는 제자에 비유할 만한 삶을 살고 있고, 후자는 삶을 바꾸라는 말을 들으면 이내 돌아서서 가버리는 부자 청년과 같은 삶을 살고 있다. 이 양극 사이에 생활의 일부분만 바꾼 자카이 같은 사람들이 있다. 적어도 자카이가 되기 위해서라도, 우리는 전자의 삶을 향해 끊임없이 정진하지 않으면 안 된다.10)

'배려', 혹은 '보살핌'의 문제는 고립(孤立)을 욕망하는 존재에게서 쉽게 발생하지 않는다. 그것은 자연생태계의 법칙처럼 상호의존관계를 전제로 한다. 부버의 '나-너'의 관계처럼, 진정한 만남에서 의미가 증폭된다.

10) L. N. Tolstoi(채수동 · 고산 옮김), 『인생이란 무엇인가』(서울: 동서문화사, 2005), 190쪽.

2. 배려의 문자적 의미

‘배려(配慮)’는 한자로 구성된 개념이다. 그러나 한자의 고향인 중국에서 일상적으로 쓰는 말은 아니다. 우리나라와 일본에서 ‘마음을 쓰다’는 뜻으로 자주 쓰인다. 이는 문자적으로 다음과 같은 의미를 지닌다.

배(配)는 글자의 모양이 ‘술독[酉] 옆에 사람이 꿇어 앉아 있는 모습[己]’이다. 원래 ‘술의 색깔’을 가리키는 말이었지만, 나중에 배필(配匹)이라는 뜻으로 바뀌었다고 한다. 유교의 경전에도 ‘짝’을 의미하는 말로 드러난다.

그림 5 배려(配慮)의 글자 모습

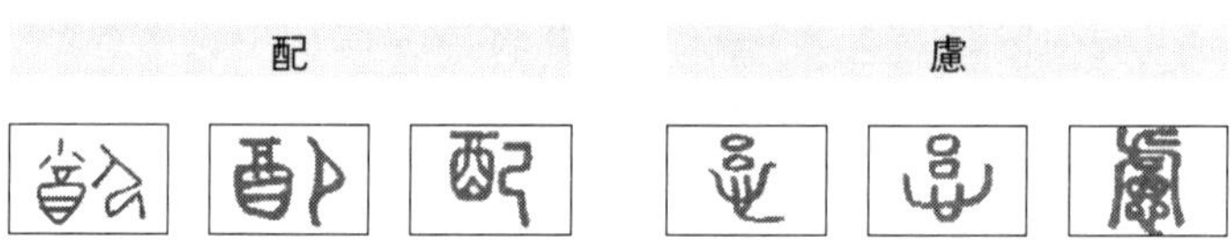

넓고 큰 것은 하늘-땅과 짝하고, 바뀌고 두루 미침은 사계절과 짝하며, 밤과 낮의 순환은 해와 달과 짝하고, 쉽고 간단한 것은 최고의 덕과 짝한다.[11]

호연지기(浩然之氣)의 기(氣)됨이 의(義)와 도(道)에 짝하니, 이것(義/道)이 없으면 호연지기는 굶주리게 된다.[12]

11) 『周易』「繫辭」上: 廣大配天地, 變通配四時, 陰陽之義配日月, 易簡之善配至德.
12) 『孟子』「公孫丑」上: 其爲氣也, 配義與道, 無是, 餒也.

주자(朱子, 1130~1200)에 의하면, "짝은 합쳐져서 도움이 있다"[13]는 의미이다. 세상의 모든 사물은 이것과 저것이 서로 도움을 주며 어우러져 온전하게 된다. 사람 사이 또한 협력을 통해 서로 사귀어야 온전할 수 있다. 따라서 배(配)는 배우자가 함께 살아가듯이, 글자 자체가 나와 관계를 맺고 있는 사람과 사람의 유기적 연관을 나타낸다.

려(慮)는 호(虍)와 사(思)가 합쳐진 글자이다. 여기에서 호(虍)는 소리를 나타내고 사(思)는 의미를 담고 있는 부분이다. 따라서 려(慮)는 '생각'과 관계된다. 생각은 마음[心] 작용과 연관되고, '마음 씀'으로 이어진다. 소리를 나타내는 호(虍)는 '아직 완전하게 나타나지 않은 호랑이의 표피 무늬'를 의미한다. 이것을 사(思)에 덧붙인다면, 려(慮)는 '무슨 일을 꾸미려고 생각한다', '마음을 깊이 쓴다', '헤아린다' 정도로 이해할 수 있다. 즉, 내면[마음]에 잠재되어 있는 생각, 그것은 언젠가 외면으로 드러나 행동을 유발한다.

배려의 사전적 정의는 '이리저리 마음을 씀', '관심을 가지고 생각해 줌', '염려해 줌', '마음 써 줌', '남을 위하여 여러모로 마음을 씀' 등으로 드러난다. 이는 배려가 기본적으로 나의 마음 씀을 통해, 타인과 관계하는 연관적 사유를 전제로 함을 보여준다. 즉, 인간의 사회성에 기초하는 인간관계의 문제와 상통한다.

3. 윤리적 차원의 배려

사실, 개개인은 그 자체로는 존재하기 어렵다. 궁극적으로 인간은 타인과의 관계, 사회적 자리매김, 자연과의 호흡, 그 '속'-'안'-에서만 살아갈 수 있다. 왜냐하면 인간은 철저히 사회적 동물이자 관

13) 『孟子集注』「公孫丑」上: 配者, 合而有助之意.

계의 동물이기 때문이다.[14] 이는 인간의 역사가 증명하고 있다. '배려'는 그런 인간의 삶 속에서 가장 의미 있는 관계의 윤리학을 요청한다. 그 실천의 근간은 교육을 통해 보다 효율적으로 확보할 수 있다.

20세기 이후 서구의 양식으로 갈아입은 우리의 교육은 과거의 전통교육(동서양을 막론하고)에 적지 않은 회의(懷疑)를 느끼고 있다. 교육의 이념이나 목적은 물론, 그 내용과 방법에 이르기까지 시대 상황의 변화에 대처하기 위해 다양한 몸부림을 치고 있다. 특히, 학교교육에서 지나치게 인지적(認知的: cognitive) 측면을 강조해온 데 문제를 제기하고 정서적(情緖的: affective) 측면에 대한 배려를 시도하는 것도 그 중의 하나이다.[15] 배려는 '인간활동의 전반적인 측면을 다룬다'는 점에서 교육적으로 의미심장하게 보아야 한다. 그리고 이미 서구 교육철학에서는 배려의 문제를 심각하게 연구하며 나름대로 교육의 방향을 제시하고 있다.

배려에 관한 연구로 유명한 나딩스(N. Noddings, 1929~)는 하이데거(M. Heidegger, 1889~1976)의 개념을 빌어, 배려를 보다 폭넓게 이해한다. 하이데거는 『존재와 시간』[16]에서 인간 존재는 '공존성'에 기초한다고 설파한다. 하이데거의 입장은 다음과 같다.

---

14) 와쓰지 데쓰로(최성묵 옮김), 『인간의 학으로서의 윤리학』(대구: 이문출판사, 1993), 90쪽.

15) B. Clive & M. K. Clare, "Caring for the Emotions", Philosophy of Education, ed., *Philosophy of Education*(Illinois: Philosophy of Education Society, 1995).

16) 제2편 제6장 제79절 "현존재의 시간성과 시간에 관한 배려적인 걱정", 제80절 "배려적으로 걱정된 시간과 시간내부성", 제81절 "시간내부성과 통속적인 시간개념의 발생기원" 부분에 구체적으로 잘 나타나 있다.

> 개시된 것으로서 현존재(現存在)는 현사실적(現事實的)으로는 다른 자와 같이 있는 공존성(共存性)이라는 방법에서 실존한다. 현존재는 공공적인 평균적 양해가능성 속에 스스로를 보지(保持)하고 있다. 일상적인 상호공존성에서 해석되고 표현되는 '…하는 지금은', '…할 그때는'은 설사 그것이 어떤 종류의 한계 내에서만 일의적(一義的)으로 날짜가 정해져 있는 데 지나지 않더라도 원칙적으로 양해되고 있다. '가장 친근한' 상호공존성에서는 약간의 사람들이 '같이', '지금은'을 말하는 수가 있지만 그때 각자는 입 밖에 나온 말인 '지금은'에 다른 날짜를 정하고 있다. … 말로 표현된 '지금은'은 각자에 따라 세계 내 상호공존성의 공공성에서 말해지고 있는 것이다.[17]

하이데거는 공존성(共存性)에 기초하여, 배려를 인간 삶의 존재(存在) 그 자체로 설명했다. 그가 이 용어를 사용한 것은 다른 생물들에 대해 염려(念慮)하는 태도, 세심하게 배려하며 일을 해야 한다는 걱정, 가장 심도 있는 존재론적 갈망들, 스쳐가는 근심의 순간들, 그리고 인간 삶에 따라오는 모든 근심과 비애(悲哀)를 포함하는 것능 매우 광범위하다. …… 배려는 인생의 궁극적 실재이다.[18]

배려는 넓은 의미에서 우리 인생, 삶의 모든 요소에 스며들어 있는 근본적인 관계이다. 이는 인간 삶의 전 과정에서 풀어나가야 하는 과제이다. 하지만 나딩스는 "배려의 관계가 기본적으로 '배려하는 자'와 '배려받는 자'라는 사람 사이의 교제나 만남"이라고 설명한다. 이는 교육학적으로 생각해 볼 때, 상호관계, 의사소통, 만남, 대화, 자아존중, 공감, 헌신, 협력 등 다양한 삶의 덕목들을 핵심내용으로 드러내야 함을 역설한다. 즉, 인간관계를 보다 바람직하게 지속하기 위한 윤리적 실천요목들을 요청한다.

---

17) M. Heidegger(전양범 옮김), *Sein und Zeit*(『존재와 시간』)(서울: 시간과 공간사, 1992).

18) N. Noddings, "Caring", *Philosophy of Education*, ed., P. H. Hirst & P. White(London and N.Y, 1998), p. 40.

CHAPTER 03 한국의 전통사상에 보이는 배려 정신

한국사상은 한국을 주체로 한 사상이다. 우리 고유의 사상은 어떤 배려적 사고를 지니고 있을까? '우리 것', 고유사상이라고 논의될 수 있는 사유는 고대 사회의 '풍류(風流)'라는 문화 풍토에서 발견할 수 있다.

풍류라는 말은 최치원(崔致遠, 857～?)의 「난랑비서문」에 기록되어 있다. 최치원은 우리나라에 예로부터 딱 꼬집어 말할 수 없는 고유한 도가 있음을 지적하고, 이것은 유・불・도 3교가 전래되기 이전부터 있어 온 한국 고유의 사상임을 밝혔다. 풍류는 유・불・도 세 가지 가르침이 비빔밥처럼 사상 자체에 포괄되어 있다. 즉, 풍류는 외부로부터 들어온 유・불・도의 요소를 지니고 있는 것이 아니라, 근본적으로 세 가지 사유를 묘합(妙合)하고 있는 고유사상이다. 이 풍류는 현묘지도(玄妙之道)의 다른 이름이며, 선천적인 우리 고유의 사상이다.

실제로, 상고 시대의 우리 조상들은 봄, 가을에 음주가무(飮酒歌舞)를 즐기며 하늘에 제사를 지냈다. 여기에서 그들은 하늘과 하나로 융합하는 강신(降神) 체험을 했다. 이를 사상체계로 표출한 것이 풍류로 생각된다. 그러므로 풍류는 하늘을 섬기는 천신도(天神道)요, 그 핵심은 하늘과 인간이 하나로 융합되는 데 있다. 즉, 내가 없어지고 내 안에 신이 내재한 상태의 '나'가 풍류의 주체가 되는 것이다.

신과 하나가 된 풍류객은 새로운 존재 양식을 갖춘다. 자기 중심의 세계에서 벗어나 다른 사람과의 '관계의 장'으로 옮겨간다. 그리고 타자들과 접촉해서 그들이 본연의 인간으로 돌아가도록 교화한다. 이것은 우리 안에 있는 하늘의 본성이 작용하기 때문이다. 풍류의 실천자는 널리 사람들을 유익하게 하는 인간이다. 그것은 조선의 건국신화에 등장하는 동시에 대한민국의 교육이념인 '홍익인간(弘益人間)'과 직결된다. 이는 한국 고유의 배려자를 상징한다.

이처럼 우리 고유의 사유 바탕인 풍류도는 하늘과 하나가 되어 많은 사람들과 사랑의 관계를 맺는다. 풍류의 모습은 다음과 같이 기록되어 있다.

> 우리나라에는 현묘한 도가 있는데, 이를 풍류라고 말한다. 이 가르침을 설치한 근원은 『선사』에 자세히 실려 있다. 실제로 이는 세 가지 가르침을 포함한 것으로 모든 중생을 직접 교화하고 있다. 또한 그들은 집에 들어와서는 부모에게 효도하고 나아가면 나라에 충성을 다하니 이는 노나라 사구(공자)의 뜻이며, 또 억지로 행함이 없는 일에 처하고 말없는 가르침을 행하는 것은 주나라 주사(노자)의 뜻이며, 모든 악한 일을 하지 않고 착한 일만을 행하는 것은 축건태자(석가)의 교화이다.1)

사실, 최치원의 기록이 불충분하고 또 『선사(仙史)』의 소실로 풍류도가 무엇인지 분명하게 알기는 어렵다. 그러나 여러 정황으로 미루어 해석해 보면, 최치원이 화랑도의 창립과 정신을 말하는 부분에서 풍월도(風月道: 풍류)를 언급하고 있는 것으로 보아, 풍류는 화랑도의 핵심적 이념이 된 듯하다.

풍류는 세 가지 가르침을 포함하고 있다고 했다. 세 가지 가운

1) 『三國史記』 眞興王, "崔致遠「鸞郎碑序」": 國有玄妙之道, 日風流. 設敎之源, 備詳仙史. 實內包含三敎, 接化群生. 且如, 入則孝於家, 出則忠於國, 魯司寇之旨也; 處無爲之事, 行不言之敎, 周柱使之宗也; 諸惡莫作, 諸善奉行, 竺乾太子之化也.

데 유교와 도교, 불교의 본질이 지적된다. 이 중 유교는 사리사욕에 가득찬 자기를 버리고 선한 인간의 본성이자 사회공동체가 보편적으로 추구하는 예로 돌아가는데 있다[克己復禮]. 도교의 본질은 인간의 거짓된 언행심사(言行心事)를 떠나 자연의 법도를 따라 사는 데 있다[無爲自然]. 그리고 불교의 본질은 아집(我執)을 버리고 인간의 본성인 한 마음(一心), 이른 바 불심(佛心)으로 돌아가는데 있다[歸一心源].

이렇게 볼 때, 3교의 본질은 다 같이 욕망에 사로잡힌 자기를 없애고 우주의 법도인 천부의 본성, 곧 '참마음'으로 돌아가는데 있다. 우주적 참마음이란 하늘이 준 마음이요, 자연스런 마음이다. 그 참 마음이야말로 배려의 기초이다.

이런 풍류의 도를 이어 받은 것이 화랑제도이다. 화랑은 처음에는 여자인 원화로 출발했지만, 나중에 남자인 화랑으로 바뀌었다. 이 화랑은 남자 무당(男巫)으로 박수, 박사라고도 한다. 『조선왕조실록』 성종 2년(1471)에 대사헌 한치형(韓致亨)의 상소(上疏)에 "화랑이라 칭하는 남자가 있는데, 그 광사(狂詐)한 꾀로 남의 재화를 낚아채는 것이 마치 여자 무당(女巫)과 같다"라고 하였다.

정다산(丁茶山)의 『아언각비(雅言覺非)』에도 "화랑이란 신라 귀유(貴遊)의 이름이다. 당나라 영호징(令狐澄)이 『신라국기』에서 '잘 생긴 자제들을 선택하여 분장하고 이름을 화랑이라 했는데, 나라 사람들이 모두 높여 스승으로 받들었다'라고 하였고, 『동사(東史)』에서도 "화랑이 장식하고 모여서 도의(道義)를 연마하고, 가락(歌樂)으로 즐기며, 산수(山水)를 따라 유오(遊娛)하기를 먼 곳이라도 가지 않는 곳이 없었다"고 하였다.

조선 연산군 9년(1503)에 남무(男巫)를 낭중(郎中)이라 했고, 중종 8년(1513)에는 양중(兩中)이 음탕한 짓을 했다고 하였는데, 양중(兩中)은 낭중(郎中)이 와전된 것으로 화랑・낭도가 변하여 낭중(郎中)으로 전해진 듯하다. 광대(廣大) 또한 남무(男巫)인데, 노래하고 춤추는 창우(倡優)이다.

화랑의 배려 정신은 "서로 도의(道義)로 닦고, 서로 가락(歌樂)으로 즐거이 놀며, 명산(名山)과 대천(大川)을 돌아다녀 멀리 가 보지 아니한 곳이 없었다"[2]라는 대목에서 확인할 수 있다. 여기에서 상(相)은 인간의 상호작용, 의사소통의 관계를 통해 서로를 배려하는 교학(教學)과 수련(修練)의 과정이다. 이런 교학을 통해 "어진 재상과 충신이 이로부터 나오고 뛰어난 장수와 용감한 군사가 이로 말미암아 나왔다.

한국 고유의 배려 사례는 '세속오계(世俗五戒)'에서 더욱 구체적으로 드러난다.

> 귀산은 사량부 사람인데, 아버지는 아간 무은이다. 귀산이 어릴 때 같은 마을 사람 추항과 친구로 지냈다. 두 사람은 다음과 같이 서로를 격려하였다.
>
> "우리는 선비나 교양 있는 사람들과 더불어 놀아야 하네. 그러기 위해 먼저 '정심(正心)·수신(修身)'해야 하네. 잘못하면 치욕을 당할 수도 있을 걸세. 그러니 훌륭한 사람에게 나아가 도를 물어 보세."
>
> 이때 원광법사가 수나라에 유학하고 돌아와서 가실사에 있었는데, 당시 사람들이 높이 예우하였다. 귀산 등이 그 문하에 나아가 말하였다.
>
> "저희들 세속의 선비가 어리석고 몽매하여 아는 바가 없습니다. 종신토록 계명(誡銘)으로 삼을 만한 말씀을 해 주시면 고맙겠습니다."
>
> 법사가 말하였다.
>
> "불계(佛戒)에는 보살계(菩薩戒)가 있는데 그 조목이 열 가지이다. 너희들이 다른 사람[왕]의 신하로서 산다면, 그것을 감당하기 힘들 것이다. 대신 세속오계(世俗五戒)가 있으니, 그것을 실행하는 데 소홀히 하지 말라.

2) 『三國史記』 眞興王,"崔致遠 「鸞郎碑序」": 或相磨以道義, 或相悅以歌樂, 遊娛山水, 無遠不至.

첫째, 임금 섬기기를 충성(忠)으로써 하라.
둘째, 어버이 섬기기를 효도(孝)로써 하라.
셋째, 친구 사귀기를 믿음(信)으로써 하라.
넷째, 전쟁에 임하여 물러서지 말라.
다섯째, 생명 있는 것을 죽이되 가려서 하라."

귀산 등이 답하였다.

"다른 것은 말씀대로 할 수 있겠습니다. 그런데 다섯 번째 '살생유택(殺生有擇)'은 무엇을 의미하는지 잘 알지 못하겠습니다."

법사가 말하였다.

"제사 날과 봄·여름에는 살생하지 아니한다. 이것은 '때'를 택하는 일이다. 그리고 집에서 부리는 가축을 죽이지 않아야 한다. 예를 들어, 말·소·닭·개와 같은 따위는 함부로 죽이지 않아야 하고, 또한 죽여 봐야 고기가 한 점도 되지 않는 미물은 죽이지 않아야 한다. 이는 '물건'을 택하는 일이다. 이렇게 하여 일반적으로 소중하게 쓰이는 것을 소중한 자원이므로 함부로 마구 죽여서는 안 된다. 그런 정신이 바로 세속의 좋은 계율인 것이다."

귀산 등이 말하였다.

"지금부터 대사의 말씀을 받들어 행하고, 실수하지 않도록 하겠습니다."[3]

넓은 의미에서, 다섯 가지 계율은 모두 배려 의식을 담고 있다. 임금과 신하 사이에는 충이라는 배려, 부모 자식 간에는 효라는 배려, 친구 사이에는 믿음이라는 배려의 기본이 제시되어 있다. 나중에 논의할 나딩스의 분류에 의하면, 충(忠)·효(孝)·신(信)은 '자아

3) 『三國史記』 卷4, 「新羅本紀」, "眞興王 37年":.貴山沙梁部人也, 父武殷阿干. 貴山少與部人箒項爲女, 二人相謂曰, 我等期與士君子遊, 而不先正心修身, 則恐不免於招辱, 盍聞道於賢者之側乎. 時圓光法師入隋遊學, 還居加悉寺, 爲時人所尊禮. 貴山等詣門, 摳衣進告曰, 俗士顓夢, 無所知識, 願賜一言, 以爲終身之誡. 法師曰, 佛戒有菩薩戒, 其別有十. 若等爲人臣子, 恐不能堪, 今有世俗五戒. 一曰事君以忠, 二曰事親以孝, 三曰交友以信, 四曰臨戰無退, 五曰殺生有擇, 若等行之, 無忽. 貴山等曰, 他則旣受命矣. 所謂殺生有擇, 獨未曉也. 師曰, 六齋日·春夏月不殺, 是擇時也. 不殺使畜, 謂馬牛雞犬, 不殺細物, 謂肉不足一臠, 是擇物也. 如此唯其所用, 不求多殺, 此可謂世俗之善戒也. 貴山等曰, 自今已後, 奉以周旋, 不敢失墮.

그림 6 세속오계 배려도

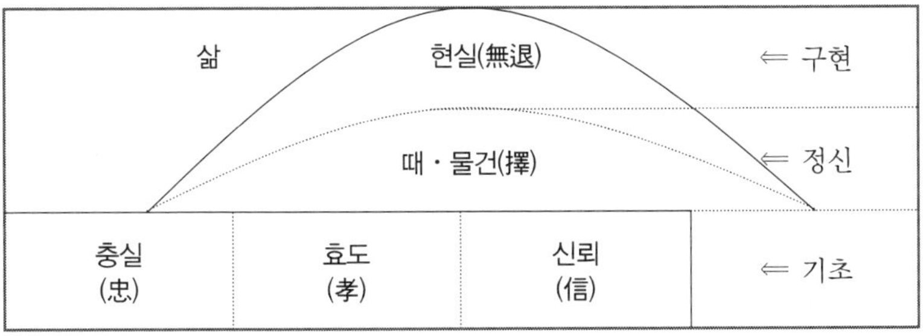

에 대한 배려'나 '친밀한 사람에 대한 배려' 등 '사람에 대한 배려'에 해당한다. 사람과 사람 사이에 수직 · 수평적 인륜관계로, 한국을 비롯한 동양 전통의 배려 기준으로 이해할 수 있다.

이 중에서도 살생유택(殺生有擇)의 경우를 눈여겨 볼 필요가 있다. 이는 단순하게 사람에게 필요한 물건을 쓸 때 '가려서 하라'거나, 불교에서는 물건을 가려서 죽이는데, 동물과 식물 중에서 식물을 선택하므로, 육식을 금하고 채식을 한다는 식의 오해를 불러 일으켜서는 곤란하다. 그것은 나딩스의 개념을 빌리면, '동물과 식물, 땅에 대한 배려'이자 '인간이 만든 세상에 대한 배려'이다.

때를 가리고, 물건을 가리는 작업! 그것은 시간과 공간, 사물에 대한 배려이다. 인간의 삶 속에서 때를 가리는 일은 자기 배려인 동시에 타자에 대한 관계를 인식할 때 가능하다. 봄-여름-가을-겨울, 계절의 순환 속에서 인간은 제때에 할 일이 있다. 예를 들면, 봄에 새싹이 돋아날 때, 그 싹은 보호의 대상이다. 그래야 잎과 줄기가 제대로 뻗어 나와 풀이나 나무로 자랄 수 있다. 그 싹을 마구 밟아 버린다면 어떻게 되겠는가? 식물은 절대 제대로 자랄 수 없다. 어떤 식물의 줄기나 잎, 열매가 필요하다면, 어느 정도 자란 후에, 혹은 열매가 맺은 다음에 수확하면 될 것이다. 그것은 가을쯤에 해야 할 일이다.

인간도 마찬가지이다. 식물의 싹에 비유할 수 있는 어릴 아이의 경우, 배려하지 않는다면 어떻게 제대로 성장할 수 있겠는가? 이때는 보살핌과 돌봄의 시기이다. 그것의 교육적 장치가 가정이고 보육기관이고 초등학교이다.

물건을 가리는 일은 더욱 신중해야 한다. 예를 들면 농경 사회에서 소가 지니는 가치는 엄청나다. 쟁기질에서 수레를 끄는 것에 이르기까지 소는 농사일을 도우는 일등공신이다. 그런 소를 고기로 먹기 위해 마구 잡아서는 곤란하다. 그 반대로 쓸데없이 보이는 미물들을 마구 잡이로 죽이는 것에도 신중해야 한다. 조그만 생물은 잡아봐야 고기 한 점 제대로 건질 수 없다. 그리고 그것은 지금 당장 인간에게 필요 없는 것처럼 보일지 모르지만, 생태적으로 볼 때, 저 밑바닥으로부터 인간의 삶에 균형을 맞추어주는 구실을 할 수도 있다.

이처럼 때와 물건을 가리는 일은 인간이 행할 수 있는 배려의 수준 높은 차원이다. 사람과 사람 사이를 넘어, 인간과 자연, 시간과 공간을 포괄하는 우주적 시선에서 배려를 상정하고 있는 것이다.

그런 배려의 현실적 적용과 실천은 바로 정치를 통해 나타난다. 동아시아 전통에서 그것은 '왕도(王道)'의 형식을 갖추고, 국민을 배려하는 최고의 마음 씀씀이가 된다.[4] 그것의 핵심은 바로 때와 물건을 가리는 배려였다.

농사철을 어기지 않고 농사를 지으면 농사가 잘 되어 국민들이 배불리 먹을 수 있다. 봄에는 밭 갈고 씨앗을 뿌리며 여름에는 김매

4) 『孟子』「梁惠王章句」上: 不違農時, 穀不可勝食也. 數罟不入洿池, 漁鼈不可勝食也. 斧斤以時入山林, 材木不可勝用也. 穀與漁鼈, 不可勝食, 材木不可勝用, 是使民養生喪死無憾也. 養生喪死無憾, 王道之始也. 農時, 謂春耕夏耘秋收之時. 凡有興作, 不違此時, 至冬乃役之也. 不可勝食, 言多也. 數密也. 罟網也. 洿窊下之地, 水所聚也. 古者, 網罟必用四寸之目, 魚不滿尺, 市不得粥, 人不得食. 山林川澤, 與民共之, 而有厲禁, 草木零落然後, 斧斤入焉. 此皆爲治之初, 法制未備, 且因天地自然之利而撙節愛養之事也. 然飮食宮室, 所以養生, 祭祀棺槨, 所以送死, 皆民所急而不可無者. 今皆有以資之, 則人無所恨矣. 王道, 以得民心爲本. 故以此爲王道之始.

고 가을에는 수확을 하는 것이 농사의 이치이다. 이렇게 한창 농사일이 바쁜 때에 국가에서 부역을 시키거나 농사일을 방해한다면 어떻게 되겠는가? 국민들에 대한 배려가 전혀 없는 것이 아닌가? 그러므로 국민들을 위한 배려를 제대로 하는 지도자는 농사일을 방해하지 않는 겨울에 국가의 토목공사를 일으키거나 기타 필요한 일을 국민들에게 시켰다.

물고기를 잡을 경우에도 심각하게 때와 물건을 가린다. 지나치게 촘촘한 그물, 이제 갓 태어난 물고기 새끼까지도 잡을 수 있는 그물을 웅덩이와 연못에 쳐서 고기를 잡지 않는다면, 많은 국민들이 생선을 먹을 수 있다. 그물눈이 지나치게 작은 것을 쓰면 모든 물고기를 잡을 수는 있다! 문제는 그 다음이다. 새끼 물고기까지 다 잡아버리면 물고기 씨가 마른다. 그럴 경우, 연못에는 더 이상 물고기가 없다. 이는 매우 근시안(近視眼)적 사고이다. 그러기에 옛날 사람들은 그물눈이 적어도 네 치(12cm 정도)가 되는 것을 써서 한 자(30cm 정도)가 넘는 물고기를 잡았다. 물론, 멸치와 같이 다 자란 고기가 작은 경우처럼 고기의 상황에 따라 다르다. 한 자가 되지 않는 고기는 시장에 내다 팔수도 없게 제도를 만들었다.

또한 나무, 목재를 구하는 경우에도 마찬가지이다. 핵심은 나무가 재목으로 쓸 수 있을 정도로 자란 후에, 벌목을 한다는 점이다. 그러기에 봄여름에 잎과 가지가 무성하게 자라고 있는 상황에서는 벌목하지 않는다. 잎이 떨어진 뒤에 산림에 들어가 나무를 구할 수 있게 했다.

농사와 물고기잡이, 산림에서의 벌목은 모두 자연의 이치를 고려한 인간의 배려이다. 인간의 이익을 위해 사용하더라도, 우주의 모든 사물과 시공간에 내해 절세하고 애착을 갖는다.

CHAPTER 04

세계 4대 종교에 나타난 배려의 사유

1. 유교: 인(仁)의 관계망

인(仁)은 유교의 핵심사상이다. 유교를 창시한 공자는 『논어』에서 한 마디로 인(仁)을 정의하지는 않았다. 늘 제자와의 문답이나 자신의 언표 속에 비유와 은유로 표현하고 있다. 이에 대해 핑가레트는 "『논어』에서 '인(仁)'은 역설(逆說)과 신비(神秘)로 둘러 싸여 있다" 고 평했다.[1] 이런 의미의 다의성, 무규정은 항상 자기의 모습을 은폐하는 동시에 드러내는 것 같기도 한 묘한 상태로 우리의 인식을 흩어 놓는다. 그래서 언제나 열린 해석이 가능하다.

유교는 현실적인 인간을 주요하게 다룬다는 점에서 하나의 인간학(人間學)이다.[2] 특히, 현실 속에서 인간 '행위의 바름'을 적극적으로 추구한다. 그 바른 행위의 표준이 '인'이다. 그리고 인은 공자 이래로 중국 전통철학의 근본적인 범주로 자리하고 있으며, 동양의 도덕윤리 중 가장 중요한 것이다.

인을 이해하는 가장 흔한 언표는 공자가 말한 그대로 "사람을 사랑하는 일"[3]이다. 사람에 대한 사랑은 사람에 대한 '이해'에서 시작된다. 사람에 대한 이해는 사람 사이의 관계를 맺는 출발점이다.[4]

1) H. Fingarette(송영배 옮김), 『공자의 철학』(서울: 서광사, 1993), 69쪽.
2) 戸川芳郎 외(조성을 · 이동철 옮김). 『유교사』(서울: 이론과 실천, 1990), 참조.
3) 『論語』「顔淵」: 樊遲問仁, 子曰, 愛人.
4) 이는 仁의 사전적 정의에서도 잘 드러난다. 『說文解字』에서 漢의 許愼은 "仁,

이는 인간의 만남을 전제로 한다.[5] 인간의 만남에서 이루어지는 사랑은 외부로부터 오는 것이 아니라 인간의 선천적 본성의 표현이며, 조건과 목적이 없는 자연적인 노정이다.[6] 이를 이어 받아 맹자는 인에 대해 "사람을 사랑하는 일"일 뿐만 아니라 그것을 넘어 "사람다움 그 자체이다"라고 했다. 여기에는 "가슴 쓰라리게 아파하는 마음이 인의 실마리"라는 인간 심성의 고귀한 측면이 자리하고 있다.[7]

그 후, 인에 대한 이해와 정의는 끊임없이 이어졌다. 한퇴지(韓退之)는 "널리 사랑하는 것을 인"[8]이라 했고, 성리학의 집대성자인 주자(朱子)는 "사랑의 원리이며 마음의 덕이다"[9]란 표현을 빌어 '인'을 설명했다. 또 마음(心)의 문제를 집중적으로 다룬 육상산(陸象山)은 '인은 본심(本心)'이란 표현을 쓰며, 마음은 바로 맹자가 사단(四端)에서 밝힌 인간 성품의 착함이라고 언급하고 있다. 이 사상을 이어 받은 왕양명(王陽明)도 '지극히 착함'과 '마음의 본체'라는 두 가지로 규정하고 있다.

이러한 인의 해석에서 공통적으로 드러나는 점은 인간-마음-사랑-덕이라는 개념들이다. 인간의 마음이 본래 착할 것이라는 전제, 사랑하는 마음, 그리고 덕성, 이것이 인의 주요한 의미일 것이라는 해석과 이해이다. 이는 진실한 '사랑의 원리' 속에서 공동체적 이상을 꿈꾸는 인간의 존재 방식, 즉 배려를 설명한 것이다. 또 자사(子思)가 『중용』에서 "인이란 곧 사람이다"[10]라고 한 것으로 보아 '인이

親也, 从人从二(친하다는 뜻으로 人자와 二자가 합쳐 이루어진 것)"이라 하였고, 淸의 段玉裁도 "从人二(사람이 둘 이상 모여 친하게 지낼 수 있는 것)"이라 하였다.

5) 『禮記』 鄭玄注: 釋仁, 相人偶也.

6) 김길환, 『東洋倫理思想』(서울: 일지사, 1994), 참조.

7) 『孟子』「離婁」下; 「盡心」下; 「公孫丑」上: 仁者, 愛人.; 仁也者, 人也.; 惻隱之心, 仁之端也.

8) 「原道」: 博愛之謂仁.

9) 『論語集註』「學而」: 愛之理, 心之德.

10) 『中庸章句』20章: 仁者, 人也.

란 무엇인가?'라는 물음은 바로 '사람이란 무엇인가?'와 동일하다. 이것은 대체로 자기를 완성하는 방향과 사회를 공제(共濟)하는 방향에서 고찰할 수 있다.[11)]

우리는 언제나 이미 들어와 있는 '사회' 속에서 자기의 삶과 존재의 의미 맥락을 찾아 왔다. 그것은 한 마디로 말하면, 인이고 배려이다. 그런데 한 사회의 동일한 지평 위에서도 자기 존재의 지향에 따라 배려는 다른 양태를 드러낸다. 그렇다면 우리가 살고 있는 이 사회를 어떻게 이해할 것인가?

동양(중국이나 한국)의 경우, 사회(社會: society)라는 성격을 지닌 가장 기초적인 단위는 '마을(里)'이다. 문자 그대로 보면, 리(里: 마을)는 전(田: 논/밭)과 토(土: 흙)의 결합이다. 이는 농경이 정착되면서 형성된 취락임을 강력하게 암시한다. 또 그 경작지를 중심으로, 지연(地緣)과 혈연(血緣)을 기반으로 공동체를 꾸려나가는 교육과 정치, 종교적 공동체였다.[12)]

공자가 살던 시대의 사회도 이러한 마을(里)을 바탕으로 한 사회의 재편이 이루어졌고, 실제 당시 동양인의 생활은 농경 사회의 공동체에 기반하고 있었다. 이런 사회적 풍토와 환경은 인간의 사유양식을 결정적으로 규정한다. 사회체제는 바로 그 체제 속에 살고 있는 인간의 구체적인 삶의 방식에서 결정되며, 그런 인간은 자연지리적 환경에 절대적인 영향을 받는다. 따라서 '마을(里)'이라는 '사회'는 인간과 자연의 서로 되기 과정 속에서 구체적으로 파악되어야 한다. 이런 관계의 맥락을 통해, 인(仁)사상을 보아야 그 윤곽을 그려낼 수 있다. 다시 말하면 인(仁)은 마을(里)이라는 사회적 맥락을 벗어 날 수 없다.

파아슨즈에 의하면, "사회란 하나의 특수한 사회체제(system)를

11) 유정동, 『東洋哲學의 基礎的 硏究』(서울: 성균관대출판부, 1986), 70~72쪽.
12) 김용옥, 『노자철학 이것이다』(서울: 통나무, 1989), 참조.

의미한다. 그리고 하나의 체제로서의 사회의 중핵은 '패턴화된 규범적 질서(patterned normative order)'이며 이것을 통하여 사람들의 생활이 집합적으로 조직된다"고 한다.[13] 또 퇴니이스(F. Tönnies, 1855~1936)는 『공동사회와 이익사회』에서 다음과 같이 언급했다.

> 인간의 의지는 타인과의 다양한 관계 속에서 존립한다. 그리고 그 하나 하나의 관계는 하나의 상호작용이기 때문에, 그러한 점으로 보아서 일방(一方)에서는 행하는 것 또는 주는 것이, 상대방으로서는 당하는 것 또는 받아들이는 것을 의미한다. …… 제각기의 관계는 대다수 속에서의 일치, 또는 일치 속에서의 대다수를 나타낸다. 모든 관계는 일정치 않고 변화하고 있는 촉구(促求)·경감(輕減)·성과(成果)에서 형성되는 것이기 때문에, 의지와 의지의 힘에 대한 표현으로서 고찰되고 있다. 이러한 적극적인 관계에 의해서 형성된 집단을 대내외적으로 통일되게 작용하는 본질, 또는 대상으로서 파악하면, 하나의 결합이라고 할 수 있다. 관계 그 자체, 즉 결합은 현실 또는 유기적 생활로서 파악되든지(이것이 공동 사회의 본질), 아니면 이념적 또는 기계론적 형성체(이익 사회의 개념)로서 파악된다. …… 현존하는 모든 것은 그 특징적인 형태와 운동을 규정하는 전체적 현존과의 관련 속에서 고찰되는 한에 있어서만 유기적이다. 따라서 다양한 외형을 가진 인력(引力)은 우리들의 인식의 대상이 되는 우주를 하나의 전체적인 것으로 만들어 낸다. 말하자면 이 전체의 움직임은 그 운동을 통하여 두 개의 물체가 서로 서로 그들의 위치를 바꾸는 그러한 운동 속에서 나타난다. 그러나 그 지각(知覺)과 지각에 입각하고 있는 '과학적 관점'을 위해서는 전체적인 것이 그 작용을 하기 위해 어떠한 한계를 가져야 하는 것이다.[14]

인(仁)은 어떠한 형식으로 드러나건 사회적 관계 내에서만 유효하다. 따라서 사회라는 그림의 바탕을 외면할 수가 없다. 즉, 사회

13) T. S. Parsons(이종수 역), 『사회의 유형』, (서울: 홍성사, 1978), 참조.
14) F. Tönnies(황성모 역), 『共同社會와 利益社會』(서울: 삼성출판사, 1976), 20~24쪽.

속에서 관계의 질서를 엮어가는 핵심적인 연결고리이다. 따라서 '패턴화된 규범적 질서'이거나 '집단을 대내외적으로 통일되게 작용하는 본질', '결합의 원리'라고 볼 수 있다. 이런 관계의 본질은 움직임, 운동의 형태 속에서 드러난다.

공자는 당시 서로 적대하고, 사리를 추구하며, 예(禮)·악(樂) 등을 파괴하는 귀족이나 지식인 계층을 향하여, 인의 사상을 주창했다. 즉, 비인간화한 현실을 각자의 이름에 걸 맞는 일을 실행하는 인간적인 현실로 바꾸려는 교육적 노력을 했던 것이다. 인은 바로 그런 사회에 대한 배려의 메시지이다. 따라서 인(仁)은 유교의 배려 사상과 내용, 목표와 방법을 구체적으로 제시해 주고 있는 포괄적인 사유와 실천의 체계이다.

다시 강조하면, 인(仁)은 글자 형태 그대로, 두 사람 사이의 인간관계이다. '짝'을 찾는 작업이다. "사람이 짝을 이룬다는 것은 너와 나의 관계가 친밀하다는 말과 같다. 혼자 있으면 짝을 이룰 수 없다. 짝이 지어지면, 서로 가까워진다."[15] 나와 너 사이에, 자기 마음을 미루어 보아 타인에게 따뜻하게 대하여야 한다는 배려의 정신이 그것의 핵심이다.[16]

인간은 홀로 존재할 수 없다. 인은 이미 인간의 '사이 세계'를 전제하고 있다. 인간은 자기 주위의 다른 사람과의 관계 속에서 비로소 뚜렷한 의미를 갖게 되는 것이다. '인'이란 근본적으로 자기로부터 추론된 '당위적 행위'를 타인과의 관계 속에서 구현하는 작업이다. 소극적으로 말하자면 타인의 '입지(立志)나 관심'을 해치지 않는 것(恕)이요, 적극적으로 말하면 타인의 입지나 관심을 자기의 그것 위에 두거나 적극적으로 실현시켜주는 것[忠]을 말한다.

'교육은 사랑'이다. 교육에서 사랑은 불가결의 요건이며 전제이

15) 『說文解字』註: 人耦, 猶言爾我親密之詞. 獨則無耦, 耦則相親.
16) 한기언, 『東洋思想과 敎育』(서울: 法文社, 1978), 참조.

다.[17] 인은 '사람을 사랑하는 것', 배려 그 자체이다. 배려는 인간들 사이의 만남과 대화 상황 속에서 이루어진다. 대화 속에서 개인의 완성과 타인의 완성을 동시에 꾀한다. 이는 개인의 도덕적 인격완성이나 심리발달에 그쳐서는 안 된다. 인은 절대 개인 차원에 머물러 있지 않다. 타인과의 관계를 전제로 바람직한 관계정립을 염원한다. 어떤 경우에도 더불어 살아간다는 공동체적인 생명의 지속을 갈구한다. 그것은 인간-삶-사회에 관계하는 배려의 상징이다.

인은 배려의 차원에서 인간의 전체적 삶에 생명력을 불어넣는 작업과도 같다. 다시 말하면 사회의 비인간화 현상에 대한 인간의 자기 회복 방법이다.

현대 사회의 문제는 한 두 가지가 아니다. 교육은 그에 대한 해결책으로 다양한 방법을 제시해야 한다. '인'의 의미 맥락이 상황에 따라 달랐듯이, 현대 교육의 방법 또한 다양해야 한다. 대신 인의 윤곽이 '유기적인 사회관계의 조화와 질서를 가능케 하는 어떤 힘', 이른 바 '배려'라고 한다면, 우리 교육 또한 그런 것을 지향하는 방향에서 인의 그림을 모사할 수 있어야 한다. 이것이 배려의 차원에서 가질 수 있는 인의 의미 맥락이자 힘이다.

표 1 배려의 차원에서 본 인간화와 비인간화의 문제

구분	내용	배려의 차원
人間化	仁 - 人情 - 生命 - 관계의 調和 - 자아 회복 - 교육의 指向	배려
非人間化	不仁 - 沒人情 - 死滅 - 관계의 斷絕 - 자기 파멸 - 교육의 止揚	비배려

17) 정종, 『孔子의 教育思想』(서울: 집문당, 1980), 44쪽.

2. 불교: 줄탁동시(啐啄同時)의 소통

불교는 아주 쉬운 것 같으면서도 매우 난해하다. 더구나 구체적 수행을 하지 않고 학문적으로 인식할 때, 그것의 진리를 파악하기란 더욱 어렵다. 무엇이 그렇게 만드는가? 한마디로 불교는 '깨달음'을 목적으로 하기 때문이다. 도대체 깨달음이란 무엇인가?

불교적 깨달음은 '마음'에서 시작되어 '마음'에서 완성된다. 그래서 불교를 '마음의 종교'라고 부른다. 이를 잘 드러내고 있는 것이 유식론(唯識論)이다. 마음에서 마음으로 전하는, 즉 이심전심(以心傳心)의 방법으로 불교는 진리를 드러낸다. 마음의 깨달음, 마음공부, 그것은 끊임없는 수행, 자기 조절의 과정을 거친다. 이 모든 불교적 수행법은 우주를 향한 인간의 배려, 그 공부의 근본이자 기초이다.

불교에서 인간의 현실은 '괴로움(suffering)' 자체이다. 그 원인은 그릇된 행위에 있으며, 그릇된 행위는 자기 자신과 세계의 참모습을 올바로 알지 못하는 정신적 미혹에서 기인한다. 불교는 바로 자기 자신과 세계의 참모습을 올바로 알게 하려는 '깨달음'의 종교이다. 인간은 깨달음을 통해 우리의 행위, 즉 삶이 바르고 밝아져 자연스럽게 행복을 실현하게 된다.

이렇게 볼 때, 불교에서 존재(存在)로서의 인간관은 '고관(苦觀)'이라고 할 수 있으며, 당위(當爲)로서의 인간관은 '각관(覺觀)'이라고 할 수 있다.[18] 따라서 불교사상에 기초한 배려의 방향이나 목적은 지식의 축적이나 전문기능의 습득이라기보다 깨달음에 있다. 즉, 정신적 자각이 본질적인 것이다.

다시 강조하지만, 불교에서는 깨달음, 자아의 각성을 매우 중시한다. 고대 그리스의 명언인 "너 자신을 알라!" 혹은 실존 철학에서

18) 박선영, 『불교의 교육사상』(서울: 동화출판공사, 1989), 49쪽.

각성(覺醒)의 문제를 명석하게 분석했던 것처럼, 불교에서도 '각성'이 일차적으로 요구된다. 그런데 인간의 자아 각성은 직관적으로, 비약적으로 이루어진다고 한다. 불교에서는 '돈오(頓悟)'이다. 비약적 각성인 돈오를 통하여 인간의 현실 세계는 가치론적으로 새로운 의미를 지니게 되고, 삶의 전환을 가져온다.

그러나 이 돈오로써 삶의 문제가 끝나는 것은 아니다. 인간은 과거에서 현재, 미래를 지속적으로 살아가는 유기체이므로 몸에 밴 습성까지 비약적 각성을 통해 모두 쓸어버리지는 못한다. 따라서 돈오 이후 끊임없는 수양을 통해 점차 닦아나가는 '점수(漸修)'가 요구된다. 이는 지눌(知訥, 1158~1210) 이후, 휴정(休靜, 1520~1604)을 거쳐 한국 불교의 맥을 이어온 돈오점수(頓悟漸修)의 전통과 관계된다.

불교적 관점에서 배려의 본질은 바로 인간의 깨달음, 내면적 자각을 전제로 한 문화 지식의 전수, 인간 행동의 변화, 사회의 유지와 혁신 등으로 볼 수 있다.

이러한 배려적 인간상의 정점에 불타가 있다. 그런데 불타는 깨달은 사람, 밝은 사람, 따뜻한 사람으로 지혜와 자비(慈悲)를 상징한다. 깨달음은 본질적으로 스스로 깨닫는, 자각(自覺)을 의미한다. 따라서 불타는 '자각적 인간형' 혹은 '자주적 인간형'이다. 자주적 인간형은 불타까지도 벗어 던진다. 특히 선가(禪家)에서는 "본분을 바로 들어 보일 때에는, 불타나 조사도 아무런 공능이 없는 것이다"[19]라고 하여 스스로의 깨달음을 가장 중시했다. 이는 성불(成佛)과 해탈(解脫)을 위해, 궁극적으로 불타의 구속으로부터 자유로울 것을 요구한다. 그러나 배려는 인간관계를 전제로 한다는 점에서 해탈의 재해석이 요구된다.

불교 선종(禪宗)의 최고 기록으로 꼽히는 『벽암록(碧巖錄)』에 유명한 '줄탁(啐啄)' 이야기가 있다. 최근 교육학계에서 바람직한 교학

19) 『禪家龜鑑』.

(教學)의 모습을 논할 때 자주 인용하는 사례이기도 하다.

어느 날 한 스님이 경청 화상에게 찾아와서 말하였다.
"저는 이미 대오개발(大悟開發)의 준비가 되어 껍질을 깨뜨리고 나가려는 병아리와 같습니다. 부디 화상께서 껍질을 쪼아 깨뜨려 주십시오. 이끌어 주시면 곧 깨달음의 경지로 나아갈 수 있습니다."
그러자 경청 화상이 말하였다.
"정말 그렇게 하여 깨달을 수 있을까?"
다시 스님이 말하였다.
"제가 깨닫지 못하면 화상에게는 줄탁(啐啄)의 솜씨도 살활(殺活)의 칼도 없는 셈이 됩니다. 그렇게도 유명하신 분이 깨달음의 직전에 있는 일개 중도 제대로 이끌지 못했다고 하면 세상의 웃음거리가 되지 않겠습니까?"
경청 화상이 말하였다.
"이런 멍청한 놈!"

그 스님은 경청 화상에게 함부로 대들었다가 혼이 난 셈이다. 새끼와 어미가 서로 모르거늘, 누가 알아서 함부로 쫀단 말인가! 톡톡 쪼면 번쩍 깨어나련만, 그 스님은 아직 껍질 속에 있다. 거듭 얻어맞는데도 세상의 스님들은 부질없이 겉만 더듬고 있다!?.[20]

줄탁의 비유는 엄정(嚴整)하다. 그것은 '서로 모른다'는 사실에 기인한다. 모르는데 어찌 함부로 쫄 수 있겠는가? 서로 누구인지 모르는 데 어찌 함부로 사람 사이에 형성되는 삶의 모델을 제시할 수 있는가? 세상을 살아가는 사람과 사람, 인간의 모습이 이처럼 어렵다.

줄탁의 예화에서 파생된 염원(念願)이 이른 바 '줄탁동시(啐啄同時)'이다. 병아리가 탄생할 때, 계란 속에 있는 병아리는 안에서 부리로 쪼고, 어미 닭은 그 낌새를 알아채고 밖에서 쪼아주는 일이 동시에 일어난다. 이때 병아리와 어미 닭은 어떤 교감을 할까? 말로

20) 안동림 역주, 『벽암록』(서울: 현암사, 1999), 참조.

형용하기 힘든 줄탁의 순간, 우리는 전율을 느낀다. 수많은 인간이 다양한 환경에 어울려 있는 이 사회에서, 그것은 어떤 의미를 담지하고 있을까?

이런 차원에서 어미닭과 병아리 사이에 이루어지는 배려는, 모르는 세계에서 앎의 세계로 들어올 때 가능하다. 즉, 무지(無知)에서 지(知)로의 전환, 병아리와 어미 닭의 유기적 인식! 달걀이 부화할 때, 병아리가 계란의 안쪽에서 쪼고 어미 닭이 바깥에서 껍질을 쪼아 그 시기가 딱 들어맞을 때 달걀 껍질이 깨지고 새 생명이 탄생한다.[21] 줄탁동시! 이것은 불교적 시각에서 최고의 배려 모습이다.

3. 기독교: 사랑의 계명

'사랑'은 기독교의 첫째가는 계명이다. 기독교의 3대 근간이라고 할 수 있는 믿음-소망-사랑, 그 중에서도 제일은 사랑이다.[22] 사랑에 대한 구체적 기록은 「마태복음」(22: 34~40), 「마가복음」(12: 28~34), 「누가복음」(10: 25~28) 등 『신약성서』 곳곳에서 드러난다. 이 중에서도 「마가복음」의 기록은 기독교 배려 정신의 핵심을 보여준다. 「마가복음」의 기록은 다음과 같다.

> 28. 율법학자 한 사람이 와서 그들이 토론하는 것을 듣고 있다가 예수께서 대답을 잘하시는 것을 보고 "모든 계명 중에 어느 것이 첫째가는 계명입니까?"하고 물었다.
> 29. 예수께서 이렇게 대답하였다. "첫째가는 계명은 이것이다.

21) 子啐母啄, 子覺無殼, 子母俱忘, 應緣不錯, 同道唱和. 이것은 앞에서 언급한 것처럼 '줄탁동시(啐啄同時)'라는 표현으로 쓰며, 유교의 교학상장(教學相長)이나 효학반(斅學半) 등과 더불어 동양 교육철학의 백미를 이룬다.

22) 고린도전서 13:13.

'이스라엘아 들으라, 우리 하느님[23]은 유일한 주님이시다.
30. 네 마음을 다하고 목숨을 다하고 생각을 다하고 힘을 다하여 주님이신 너의 하느님을 사랑하라.'
31. 또 둘째가는 계명은 '네 이웃을 네 몸같이 사랑하라'는 것이다. 이 두 계명보다 더 큰 계명은 없다."
32. 이 말씀을 듣고 율법학자는 "그렇습니다, 선생님. '하느님은 한 분이시며 그 밖에 다른 이가 없다' 하신 말씀은 과연 옳습니다.
33. 또 '마음을 다하고 지혜를 다하고 힘을 다하여 하느님을 사랑하는 것'과 '이웃을 제 몸같이 사랑하는 것'이 모든 번제물과 희생제물을 바치는 것보다 훨씬 더 낫습니다" 하고 대답하였다.
34. 예수께서는 그가 슬기롭게 대답하는 것을 보시고 "너는 하느님 나라에 가까이 와 있다" 하고 말씀하셨다. 그런 일이 있은 뒤에는 감히 예수께 질문하는 사람이 없었다.[24]

사랑에 관한 계명은 두 가지이다. 첫째는 유일신 하느님에 대한 무조건적 사랑이고, 둘째는 이웃에 대한 현실적 사랑이다. 이 중에서도 이웃에 대한 사랑은 현실 속에서 최고의 배려이다. 해설판 공동번역 『성서』에서는 이를 다음과 같이 해설하고 있다.

예수께서는 인간다운 생활의 본질과 정신을 분리할 수 없는 두 면을 가진 유일한 행위라고 요약하신다. 먼저 "자기 자신을 전적으로 바쳐 하느님을 사랑해야 한다." 왜냐하면 참되고 절대적인 하느님은 오직 한 분뿐이시고 인간은 하느님께 자기 자신을 바침으로써 자기 자신과 타인과 사물을 절대화하지 않게 되기 때문이다. 그리고 "이웃을 자기 자신처럼 사랑해야 한다." 다시 말해서 인간끼리는 억압하거나 억압당하고 명령하거나 복종하는 관계가 아니라 형제애의 정신으로 서로를 섬기는 관계를 맺어야 한다. 인생의 활력은 사람들 사이에 친밀한 관계를 엮어가는 사랑이다. 온갖 만남과 맞섬과 갈등을

23) 원래는 '유일하다'는 의미의 유일신 '하나님'이지만, 여기서는 국제가톨릭성서공회에서 편찬한 해설판 공동번역 『성서』에 의거하며, '하느님'으로 통일한다.
24) 국제가톨릭성서공회, 『해설판 공동번역 성서』(광주: 일과놀이, 1995), 90~91쪽.

더욱 정의롭고 하느님 나라에 더욱 가까운 사회를 건설하는 방향으로 이끄는 사랑이다.[25)]

두 가지 사랑 중에서도 "네 이웃을 네 몸같이 사랑하라"는 31절은 28~34절 전체에서 가장 까다로운 구절이다.[26)] "네 이웃을 네 몸처럼 사랑하라"는 『구약성서』「레위기」(19: 18)에서 따온 구절이다. 이는 사회적 관계에서 사람이 취해야 할 자세를 종교적 차원으로 정의한 계명이다. 사람과 사람 사이의 배려에서 '사랑'을 최고의 덕목으로 규정한 것이다.

2세기 초엽에 활동했던 아키바는 "네 이웃을 네 자신처럼 사랑하라. 이것이 율법의 전체를 관통하는 원칙이다"라는 말을 남겼다. 또한 의로운 시몬은 세상을 지탱하는 세 기둥으로 '율법-예배-이웃사랑'을 꼽은 바 있다. 이는 유대교 내에서도 이웃 사랑을 최고의 계명으로 간주하는 풍토가 있었다는 의미이다.

당시 문헌들을 살펴보면, 사랑의 계명이 예수의 독특한 발상은 아님을 알 수 있다. 쿰란 문헌에 보면, "주님을 온 힘으로 사랑하고, 모든 인간을 나의 자식들처럼 사랑하라. 주님을 너의 전 삶으로 사랑하고, 서로를 진심으로 사랑하라"는 가르침이 등장한다. 또한 헬라 유대교의 거목인 알렉산드리아의 필로는 하느님에 대해서는 지극한 경외심이 중요하고, 사람에 대해서는 사랑과 정의가 중요하다고 하였다. 그런데 예수는 왜 하느님에 대한 사랑과 이웃에 대한 사랑을 이중적으로 제시해 놓았을까?

첫째, 예수는 하느님 사랑을 이웃 사랑으로 환원시켰다. 예수가 대답한 핵심은 "네 이웃을 네 몸같이 사랑하라(31절)"에 있다. 하느

---

25) 위와 같은 책, 같은 곳.

26) 박태식, 「첫째가는 계명: 마르12, 28-34풀이」, 『종교 간의 대화』(서울: 현암사, 2009), 264~266쪽.

님에 대한 사랑은 어차피 증명하기 힘들다. 그러나 이웃 사랑은 눈에 보이는 대상이 있으므로 훨씬 구체적이다. 따라서 이웃 사랑을 하느님 사랑의 구체적 표현으로 보아, 이웃 사랑만 열심히 실천하면 자동적으로 하느님 사랑까지 하게 된다. 이 지점에서 예수의 사랑의 의미가 이웃에 대한 배려, 나아가 인간에 대한 배려로 이해된다.

둘째, 예수는 사랑의 이중계명을 통해, 구약의 십계명을 요약했다. 하느님 사랑과 이웃 사랑을 통해 십계명의 전반부(1~4계명)와 후반부(5~10계명)가 정리되었다는 뜻이다. 따라서 예수가 두 계명을 제시한 듯 보이지만, 실제로는 하나의 계명체계(십계명) 안으로 통합한 것이다.

셋째, 이웃 사랑은 하느님 사랑의 보완이다. 유대교의 제사와 의식은 온전히 하느님만 섬기는(=사랑하는) 예배 행위이다. 하지만 하느님 사랑이 보다 완벽해지려면 이웃 사랑이 절실히 필요하다.

넷째, 이웃 사랑은 하느님 사랑과 별개의 계명이 아니라 확장된 계명이다. 성서 곳곳에는 율법의 정수를 이웃 사랑이라고 했다. 이는 하느님 사랑에서 사람 사랑으로 확대되어 나가던 당시 교회의 경향을 보여준다.

이런 설명을 통해 볼 때, 두 계명은 사랑이라는 모티브로 연결된다. 그것은 기독교가 사랑을 실천하는, 배려의 종교임을 일러 준다. 특히, 이웃이라는 나 이외의 모든 인간을, 사랑의 대상, 배려의 관계에 자리매김해야 함을 확인시켜 준다.

예수는 그것을 실증하였다. 『마태복음』(5~7)과 『누가복음』(6:20~49)에 실려 있는 산상수훈(山上垂訓)은 좋은 사례이다.[27]

예수는 하느님의 사랑이 실현되는 현장을 민중의 삶 속에서 찾았다. 그것은 다름 아닌 이웃에 대한 사랑이었다. 예수는 스스로 민중을 택하였고 민중과 더불어 살면서 민중에게 관심을 쏟았다. 따라

27) 종교교재편찬위원회 편, 『성서와 기독교』(서울: 연세대출판부, 1988), 499~501쪽.

서 그의 윤리적 교훈도 민중을 향해 외쳐졌다.

'산상수훈'은 예수가 그를 따르던 무리들에게 들려주었던 윤리적 교훈들 가운데 진수(眞髓)만을 수집・정선해 놓은 그의 어록이다. 문맥은 간결하고 정언적 명령문으로 일관되어 있다. 그 속에는 "하느님께서 너희를 택해서 너희를 축복하심으로써 그의 사랑을 구현시키고 있다"라는 예수의 의지와 확신이 들어 있다.

니이버(H. R. Niebuhr)는 이 산상수훈에서 드러낸 예수의 의지와 확신을 다음과 같이 피력하였다.

> 예수의 근본적인 확신은, 하느님의 통치와 그 통치의 의로움이 가까운 장래에나 먼 미래의 어느 날에 명백하게 될 것이라는 데 있는 것도 아니며, 동시에 그 통치가 예상될 수 있다는 의미에서 현재 실재하고 있다는 것도 아니다. 오히려 예수의 확신은 하느님께서 지금 통치하고 계시며 따라서 그의 통치와 그 의(義)의 실현은 너무나 분명하다는 데 있다. 예수는 미래가 분명하니 현재도 그럴 것이라는 논증보다는 현재가 분명하니 미래에도 그럴 것이라는 논증을 전개한다.[28]

하느님의 사랑, 그 선택과 구체적 내용이 정당한 이유는 예수의 산상수훈 내용 자체가 증명한다. 그 첫머리에 두드러지게 나타나는 8가지 축복이 그것이다. 예수의 가르침은 구약의 예언자들이 가르친 윤리적 교훈과 구별된다. 예수는 예언자들처럼, 부유한 자들과 강한 자들에게 가난하고 억눌려 있는 사람들을 공정하게 다루어 줄 것을 역설하지 않는다. 이 지점에서 예수의 사랑과 배려 정신의 특징을 확인할 수 있다.

예수는 직접 가난하고 억울하게 당하기만 하는 이들을 향하여 하느님의 복된 소식을 전한다. 산상수훈에는 아모스 같은 예언자에

---

28) 위와 같은 책, 499쪽, 재인용.

게서 읽을 수 있었던 것과 같은, '가난한 사람들을 억압하고 수탈하는데서 돌이키라'는 식의 명령은 찾아볼 수 없다. 예수가 관심을 둔 삶의 현장은 사람들에게 짐을 지워 십리를 나르도록 강요하는 지휘관의 상황이 아니라, 억압당하는 민중들의 정황이었다. 그것은 "집에 집을 더하고 땅에 땅을 더하는" 지배 계급들의 상황이 아니라 바로 다음날 끼니를 걱정하는 민중, 이웃들이었다.

민중들-이웃의 정황은 실제로 가난하다 못해 심령까지 가난하다. 매번 억울한 일을 당해서 애통하지만 끝내 온유하다. 자기 자신은 늘 의(義)에 주리고 목말라하면서도 타인에 대해서는 긍휼(矜恤)하다. 강자와 대결할 세력도 없지만 본디 화평(和平)을 좋아하여 결국은 스스로 핍박을 받는다. 이에 대한 예수의 반응은 다음과 같다.

하느님은 이웃들의 긴박한 외침을 들으셨다!

이에 먼저 그들의 현장에 관심을 두셨다!

그리고 이제 막 그들을 돌보기 시작하셨다!

이것은 기독교적 사랑, 배려의 하이라이트이다. 이웃들의 처절한 비명 앞에서 축복은 더욱 생동력 있게 반응한다.

심령이 가난한 자는 복이 있나니 하느님의 나라가 저희 것임이요, 애통하는 자는 복이 있나니 저희가 위로를 받을 것임이요, 온유한 자는 복이 있나니 저희가 땅을 기업으로 받을 것임이요, 의에 주리고 목마른 자는 복이 있나니 저희가 배부를 것임이요, 긍휼히 여기는 자는 복이 있나니 저희가 긍휼히 여김을 받을 것임이요, 마음이 청결한 자는 복이 있나니 저희가 하느님을 볼 것임이요, 화평케 하는 자는 복이 있나니 저희가 하느님의 아들이라 일컬음을 받을 것임이요, 의를 위하여 핍박을 받는 자는 복이 있나니 하나님의 나라가 저희 것임이라."[29]

29) 「마태복음」5: 3-10.

이웃에 대한 예수의 관심과 보살핌, 그 배려의 의미가 은혜와 축복으로 받아들여지는 이들은 바로 민중 자신들이다. 동시에 그것이 예수의 윤리적 교훈의 요청으로 들려지는 사람들이 바로 기독교에서는 하느님의 자녀일 것이다.

특히, 후자의 요청을 비유로 설명해 준 것이 "선한 사마리아인 이야기"이다.[30] 여기서 예수의 특유한 이웃 개념이 드러난다. 이는 『누가복음』를 기록한 사람의 독특한 편집 기법으로, "내 이웃이 누구입니까?"라는 질문에 초점이 맞춰진다. 이때 예수의 답변은 그 누구도 예측할 수 없는 방향으로 전향된다. "네 의견에는 이 세 사람 중에 누가 강도 만난 자의 이웃이 되겠느냐?"[31]라는 예수의 반문은 도움을 받아야할 강도 만난 자만이 이웃이라고 생각하였던 독자들의 관심을 뒤집어 놓는다.

자비를 베푼 자도 너의 이웃이 되며 그가 바로 너에게 늘 업신여김을 받던 사마리아인임을 깨달아야 하는 것이 예수의 이웃에 대한 교훈이다. 이것은 있는 사람이 없는 사람을 돕는 것이 아니라 업신여김을 받은 사람이 오히려 고난을 당하는 사람을 돕게 된다는 동료의식에서 오는 이웃 개념이다.

이처럼 기독교의 이웃 사랑은 어려운 상황에서 실천된다. 즉, 기독교적 배려는 고통 속에 피는 꽃과도 같다. 그것이 예수의 삶이요, 기독교적 배려의 특징이다.

---

30) 「누가복음」10: 29-37.

31) 「누가복음」10: 36.

4. 이슬람교: 평화의 메시지

'이슬람(Islam)'이라는 말의 어원은 언어학적으로는 '평화'이고, 신학적 의미는 '복종'이다.[32] 때문에 이슬람 사상의 핵심은 '평화'와 '복종'이다. 다시 말하면, 유일신 알라(Allāh)에게 절대 복종하고, 그것을 통해 평화를 얻는다. 그러므로 평화는 이슬람의 핵심이요, 삶의 구체적이고 궁극적인 목표이다.

이슬람은 히브리어의 '살롬'과 같은 어근으로 '평화'라는 뜻이다. 그러나 역사적으로 기독교와 이슬람 간의 갈등이 전쟁으로 얼룩진 모습으로 비춰지고, 우리에게 알려진 이슬람은 무슨 테러집단처럼 인식되어 이슬람을 오해하게 만들었다. 평화를 상징하는 이슬람 문명이 평화와 거리가 먼 폭력적이고 호전적인 종교로 이해되어 무척이나 안타깝다. 이는 이슬람을 적대시하는 서구의 편향된 시각이 우리에게 집중적으로 알려져 있어서 발생한 오해의 극치이다.

이슬람의 종교적·신학적 의미는 복종이다. 누구에게 복종하느냐? 유일신 하나님에게 절대 복종을 한다. 그 절대자 하나님을 아랍어로 '알라'라고 한다. 영어로는 신(God)이고 한자로는 유일신(唯一神), 우리말로는 '하나님'에 해당한다. 이슬람교는 절대자 알라에 대한 완전한 복종을 통해 평화를 얻으려는 종교이다.

알라의 예언자들은 일정한 범위 내에서 일을 하기 위해, 모든 나라와 사회에 계속 나갔다. 예를 들어, 모세와 예수는 이스라엘 민족을 위해서 보내졌다. 그러므로 이들은 공간과 시간의 제한을 받았다. 알라의 예언자들은 시공간의 제한성을 가지고 있었지만, 시대가 흐름에 따라 하나님의 계시는 인간의 손에 의해 덧붙여지거나 삭제되어, 잘못 이해되고 변질되어 갔다. 그럴 때마다 새로운 예언자들

---

32) 이희수·이원삼 외, 『이슬람』(파주: 청아출판사, 2008), 참조.

이 새로운 계시를 갖고 나왔고, 인류는 유년에서 성년으로 성장해 왔다.

그리하여 인류는 성장기에 도달하여 하나의 가족을 이루게 되었고, 분파적인 계시가 아닌 완전하고 최종적인 계시가 전 인류와 모든 시대에 걸쳐 내려지게 되었다. 즉, 시간과 공간을 초월하는 완전한 마지막 계시가 내려 왔다. 이슬람은 종전의 모든 계시를 요약하여 종교의 통일성을 이룬 최종 결과물이다. 이 계시를 간직한 것이 『꾸란』 경전이고, 그 예언자가 인류의 마지막 예언자인 마호메트이다.

이슬람교는 마호메트를 아담, 아브라함, 모세, 예수를 이은 마지막 예언자로 본다. 그러므로 유일신인 알라에게 절대 복종하고 우상숭배를 금지할 것을 강조한다. 그리고 만인에 대한 평등(平等)과 형제애(兄弟愛)를 가르침으로써 하층민의 절대적인 지지를 받았다. 그러나 마호메트는 메카의 지배층인 귀족들로부터 박해를 받아 622년 포교의 중심지를 북쪽의 상업 도시인 메디나로 옮겼다. 이때가 이슬람력의 원년이다.

이러한 이슬람의 배려 정신은 '희사(喜捨: zakat)'를 통해 구체적으로 확인할 수 있다. 그것은 마호메트의 도덕체계와 관계된다. 마호메트는 아랍족의 전통적 인도주의인 무루와에 기초하여 도덕윤리 시스템을 만들었다. 그것은 공동의 선, 협력, 가난한 자와 약자를 돌보는 것, 이른 바 배려를 골자로 한다.[33] 이런 윤리의 실천은 자카트를 통해 구체적으로 이행되었다.

자카트의 참뜻은 우리에게 희생정신(犧牲精神)을 길러주고 이기심(利己心)을 버리게 해주는데 있다. 재정 형편이 일정 수준 이상인 모든 무슬림은 자기 수입 중 순수익의 2.5%를, 그것을 필요로 하는 이들에게 주어야 한다. 어찌 보면 후원금이나 기부금으로 생각할 수

33) K. Armstrong(유혜경 옮김), 『마호메트 평전』(서울: 미다스북스, 2002), 532쪽.

도 있다. 그러나 자카트는 결코 자선이나 세금이 아니다. 그렇다고 단순한 친절의 표시도 아니다. 자카트는 이 모두를 합친 것보다 중요한 영적 투자(靈的 投資)이다. 사회 전체를 위해 하나님께서 명하시고 무슬림들이 떠맡은 의무이다.

자카트의 문자적 의미는 '청결(淸潔)'이다. 이 말의 기술적 의미는 재산을 가진 무슬림들이 정당한 수령자들에게 분배해 줘야하는 현품이나 현금의 액수를 가리킨다. 그러나 마음을 정화(淨化)하는 것이 가장 중요한 목적이다. 한 인간의 개체에서 가장 중요한 것이 마음이다. 마음이 병들면 모든 육체가 병든다. 사회 공동생활의 핵심인 가족도 병들고, 나아가 공동체와 국가, 전 세계가 병든다.

재물에 대한 인간의 탐욕과 허욕, 가난한 자의 부자에 대한 시기와 질투, 여기에서 파생되는 증오와 저주, 수단과 방법을 가리지 않고 재물을 축적하려는 경쟁에서 오는 투쟁, 불안과 초조 그리고 미움 등이 가득한 인간의 마음은 자카트라는 행위를 통해서 정화된다.

부자가 내는 희사는 사회·경제적 측면에서 볼 때, 부의 재분배라는 의미를 담고 있다. 동시에 스스로 마음의 평안을 갖게 한다. 자카트를 받는 수혜자는 감사하는 마음과 사랑을 느낀다. 그러므로 재물을 축적하기 위한 경쟁과 투쟁의 마음이 정화되고 시기와 질투가 사랑과 협동으로 정화된다. 또한 가난하고 불쌍한 사회 구성원들의 고통을 최소 한도로 덜어주는 역할을 하여 기부자와 수혜자는 가장 이상적이고 안정된 현실 사회를 이룩하는 데 기여함으로써 행복을 얻는다. 나아가 영원한 내세적 행복을 누릴 수 있는 천국으로 그들이 인도된다는 영적 행복까지 얻게 된다. 이는 기부자에게는 더 많이 벌어서 더 많은 득을 보라는 따뜻한 권유이기도 하다.

이렇듯 자카트는 이기적 탐욕과 사회적 불화, 파괴적 이데올로기의 침투에 대한 건전한 형태의 내부적 방위 수단이다. 기부자에게는 사회적 책임의 정신, 이른 바 책무성을, 수혜자에게는 안전감과 귀속감을 길러주는 효과적인 도구의 구실을 한다. 자카트는 개인과 사회가 서로 화답하여 상호작용하는 영적·인도주의적 정신의 생생한 시현이다. 배려하는 자와 배려받는 자가 오케스트라의 연주처럼 어울리는 상태와 같다.

그래서 이슬람은 사기업을 막거나 사유 재산을 죄악시하지는 않지만, 이기적이고 탐욕적인 자본주의에게는 관용하지 않다. 이는 개인과 사회, 시민과 국가, 자본주의와 사회주의, 물질주의와 영성 사이에 온건하고 중도적이긴 하지만, 적극적이고 효과적인 노선을 취하는 이슬람의 사고를 잘 보여준다. 이슬람 국가에서는 국가에 바치는 세금은 자카트와는 다르다. 자카트는 특별한 의무로써 국가 세금 이외에 별도로 계산하여 지불해야 한다.[34)]

이외에도 '친절'과 '동정심'은 이슬람의 중요한 메시지 가운데 하나이다. 마호메트의 본보기는 감동적이다.[35)]

어느 날 마호메트는 해방된 노예가 몹시 힘들게 일하고 있는 것을 보았다. 마호메트는 아이처럼 조용히 그의 뒤로 다가가 그의 눈을 손으로 가렸다. 그 사람은 "이렇게 친근한 행동으로 자신의 하루를 빛나게 할 수 있는 사람은 마호메트 한 사람 뿐이다"라고 속삭였다. 또한 마호메트는 동물을 매우 좋아했다고 한다. 예컨대 고양이가 자신의 망토 위에서 잠을 자고 있으면 고양이의 잠을 방해하지 않기 위해 조심했다.

한 사회를 가늠하는 여러 가지 기준 중의 하나는 동물을 대하는 사회의 태도라고 한다. 그런 정신에 의거하여, 대부분의 종교는 자연 세계를 사랑하고 존중하는 태도를 가져야 한다고 권장한다. 이슬람은 이를 가르치려는 데 매우 적극적이었다.

---

34) 이희수·이원삼 외, 앞의 책, 370~372쪽.

35) K. Armstrong(유혜경 옮김), 앞의 책, 534~535쪽.

CHAPTER 05

동서양의 배려 사상들

1. 동양 전통의 배려 사상

(1) 유교의 배려 정신

유교는 인간의 일상생활에 기반을 둔 실천 사상이다. 사람을 말하고 사람을 생각하고 인간을 이해하고 있는 것이 유교의 특징이다. 따라서 생활 자체를 유지하기 위한 윤리와 예(禮)를 매우 중시한다. 여기에서 인간의 관계 문제가 발생한다. 특히, 유교는 남을 고려하는 측면이 지나쳐, '체면치레'라는 부정적 형식주의를 낳을 정도로 배려 의식에 투철하다.

◉ 오륜(五倫)의 관계성과 배려 의식

잘 알려진 대로 오륜은 부자유친(父子有親), 군신유의(君臣有義), 부부유별(夫婦有別), 장유유서(長幼有序), 붕우유신(朋友有信)을 말하는데, 그 초기 형태는 『중용』에 나타난다. 『중용』에서는 화합[和]의 문제를 논의하면서 다섯 가지 인간관계와 배려의 정신인 오륜을 들추어내었다. 화합은 이 세상에 두루 미치는 도(道), 즉 인간관계를 행하는 방법이다. 인간의 행위는 실천을 통해 펼쳐지는 데, 그 행위가 행하는 목적에 꼭 들어맞아 일그러짐이 없을 때 화합의 상태가 된다. 이는 타고난 인간의 성품을 따라 이루어지는 것이며, 예나 지금이나 세상 사람들이 공통적으로 행하는 보편적인 인간관계의 양식이다. 오륜은 바로 이 세상에 두루 통하는 도리로 인간이 스스로 요청한 윤리이다.

임금[지도자]과 신하[구성원], 부모와 자식, 남편과 아내, 형과 아우, 벗과 벗의 사귐. 이 모든 관계망들은 『맹자』에서 완전한 형태로 나타난다. 그것이 오늘날 우리가 알고 있는 부자유친(父子有親), 군신유의(君臣有義), 부부유별(夫婦有別), 장유유서(長幼有序), 붕우유신(朋友有信)의 오륜이다. 이 다섯 가지는 동서고금을 막론하고 세상에 공통되는 인간관계의 기본이다. 따라서 맹자도 인륜을 가르치는 근본으로 삼았던 것이다. 동양의 배려 정신은 바로 이런 인간관계의 기본을 이해할 때 싹틀 수 있다.

• 부자유친

부모와 자식 간의 관계는 혈연으로서 가장 가까운 관계이다. 이는 혈연관계의 원칙에 의하여 사람의 행위가 규범을 벗어났을 때는 윗사람이 아랫사람에게 지상의 권위를 행사하는 것, 즉 부모가 자식들에게 행위의 준칙이 됨을 의미한다. 여기에는 부모가 자식을 배려하는 정신이 기본적으로 함장되어 있다.

• 군신유의

임금과 신하는 오늘날로 말하면 조직의 지도자와 구성원 사이의 관계이다. 즉, 지도자는 바로 다스리는 입장에서는 다스림을 받는 구성원의 입장을 이해하여 다스림의 잣대로 삼아야 한다. 이는 치자(治者)의 피치자(被治者)에 대한 배려를 요하는 것이다.

• 부부유별

남편과 아내의 관계는 오늘날 매우 잘못 이해되고 있는 부분 중의 하나이다. 사실 남편과 아내는 한 가정을 이루는 중심이자 근본으로 둘 사이는 수평적 관계이다. 즉, 혼인에 의한 인연관계로 수평적으로 혼인이 연계되어 있는 부부 간의 관계인 것이다. 이들 사이에는 역할과 기능의 차이가 있을 뿐, 차별이나 우열은 없다. 그들 사이에서 배려는 역할과 기능에 따른 배려이다. 그 역할과 기능이 제대로 지켜지지 않고 무너질 때 배려의 관계 또한 무너진다.

• 장유유서

어른과 어린이 사이에 질서가 있어야 한다는 것은 사회적으로 상호관계를 보여준다. 즉, 어른은 어린이에게 관심을 갖고 배려하며 어린이는 어른을 공경으로 배려하는 것이다. 나이 많은 어른의 일방적인 보살핌이 아니라 상하관계에서 서로에 대한 윤리적 배려이다.

• 붕우유신

친구와 친구 사이의 도리는 수평관계에 있는 인간 사이의 믿음과 약속에 대한 배려이다.

유교의 오륜은 이처럼 사회관계의 유형을 크게 다섯으로 나누어 배려의 정신을 구체적으로 설명하고, 실천을 요구하는 사상인 것이다.

◉ 충서(忠恕)와 혈구지도(絜矩之道)

유교에서 배려 정신을 보여주는 또 다른 사상은 충서(忠恕)와 혈구지도(絜矩之道)이다. 충서는 공자가 평생을 일관했던 실천 강령이다. 이는 자기를 다하는 마음(忠)이고, 자기에게서 미루어 보아 남에게 미치는 일(恕)이다.[1)] 충과 서라는 글자에는 기본적으로 마음(心)이 들어 있다. 마음은 인간의 전 존재를 드러내는 유교적 표현이다.

1) 『中庸章句』13章: 盡己之心, 爲忠, 推己及人, 爲恕.

이 마음으로 말미암아 인간은 행위하고 마음은 행위의 방향을 지시한다. 이때 마음은 관심이요 배려이다. 자기에의 관심, 자기 존재에 대한 용기, 그 다음 자기 존재의 각성과 수양을 통해 타인을 볼 줄 아는 눈, 거기에까지 미쳐 관계를 생각하는 것이 충서사상이다.

이런 충서는 앞에서 언급했듯이 "자기에게 베풀어 보아 원하지 않는 것을 또한 타인에게 베풀지 말라"는 사고이다. 다시 말하면, 자기가 행해 보아 싫은 것은 인간의 보편적 심성으로 미루어 볼 때 타인도 하기 싫어한다는 것이다. 이는 타인에의 배려가 없다면 누구나 타인에게 강제할 수 있는 인간의 행동 양식이다. 배려란 자기의 각성을 통한 타인에로의 이입이다. 즉, 배려하는 자가 자기의 의식 상태에 몰입하거나 동기유발을 하는 감정전이(感情轉移)와 같은 것이다.

이런 배려의 차원은 인간을 다스리는 정치에서 극명하게 드러난다. '수신제가치국평천하(修身齊家治國平天下)'라는 다스림의 학을 추구해 가는 『대학(大學)』에서는 인간에 대한 기본적인 배려를 혈구지도(絜矩之道)로 표현했다.

'온 세상을 평화롭게 하는 것이 자기가 다스리는 나라를 평화롭게 하는데 있다'고 하는 것은 다음과 같은 의미이다. 지도자가 솔선수범하여 늙은이를 늙은이로 대접하면 국민들에게 효도하는 기풍이 일어난다. 지도자가 솔선수범하여 어른을 어른으로 대접하면 국민들에게 공손하는 기풍이 일어난다. 지도자가 솔선수범하여 고아와 같은 어려운 처지에 있는 사람을 구제하면 국민들이 배반하지 않는다. 그러므로 지도자는 자나 컴퍼스와 같이 재어보는 자세를 가지고 인간의 길을 가야 한다.[2)]

배려는 타인에 대한 마음을 헤아림으로써 가능하다. 구체적인

---

2) 『大學』10章: 所謂平天下, 在治其國者, 上 老老而民, 興孝, 上 長長而民, 興弟, 上 恤孤而民, 不倍, 是以, 君子, 有絜矩之道也.

인간에 대한 관심과 마음 써 줌은 인간을 인간답게 한 차원 끌어올릴 수 있는 기본 조건이다. 유교의 교육과 정치는 그것을 주요한 목표로 한다. 노인들에게는 노인이 원하는 바를, 청장년에게는 청장년이 요구하는 대로, 불우한 아이들에게는 그들이 원하는 것이 무엇인지 제대로 파악하여 배려하는 정신을 가져야만 된다. 그런 정신이 혈구이다. 그렇다고 이러한 배려 행위가 일방적인 것은 아니다. 왜냐하면 지도자는 국민을 다스리는 대신, 국민은 지도자를 봉양하는 상호관계 속에 있기 때문이다.

이런 의미에서 배려하는 자, 혹은 배려받는 자로서의 지도자는 반드시 국민의 상황과 행위에 대해 다양한 차원에서 헤아려 보고, 타인과 자기 사이에 제 각기 분수에 맞는 것을 얻도록 노력해야 한다. 그리하여 위아래 사방이 모두 고르고 반듯하게 될 것을 추구한다. 이런 정신을 구가할 때, 배려는 인간 세상에 더욱 확장되어 갈 것이다. 그것의 실천은 아래와 같은 현실적 배려 정신으로 드러난다.

윗사람이 미워하는 태도로 아랫사람을 부리지 말며, 아랫사람이 미워하는 태도로 윗사람을 섬기지 말자.

앞사람을 미워하는 태도로 뒷사람에게 먼저 하지 말며, 뒷사람을 미워하는 태도로 앞을 따르지 말자.

오른편 사람을 미워하는 태도로 왼편 사람을 사귀지 말며, 왼편 사람을 미워하는 태도로 오른편 사람과 사귀지 말자.

이런 것이 사람을 헤아리는 방법이다.[3)]

이처럼 배려는 자기가 어떻게 헤아리느냐의 태도 여하에 의존한다. 배려하는 정신과 배려받는 정신이 결여되었을 때, 배려는 성립하지 않는다. 헤아림의 도, 혈구지도는 인간 사이에 개입되지 않았기 때문이다. 배려란 이처럼 상호관계에 연루되어 있다.

---

3) 『大學』10章: 所惡於上, 毋以使下, 所惡於下, 毋以事上, 所惡毋前, 毋以先後, 所惡於後, 毋以從前, 所惡於右, 毋以交於左, 所惡於左, 毋以交於右, 此之謂絜矩之道.

(2) 도가(道家)의 배려 의식

도가는 노자(老子)와 장자(莊子)의 사상을 중심으로 형성된 사유 체계이다. 노장의 사유는 대체로 '있는 그대로의 모습', 자연(自然)을 핵심개념으로 다룬다. 그리고 이 자연이라는 개념은 사실상 무목적・무의식적으로 일체 사물들을 생성할 수 있는 도(道)의 기능을 형용한 것이다. 따라서 자연이란 구체적으로 실재하는 어떤 것을 지시하기보다는 '저절로 그러하다', '스스로 그러하다'라는, 일종의 상태를 형용한 것이다. 도가에서의 배려 문제는 이러한 자연스러움의 추구, 도의 운동에 따른 인간활동 그 자체를 생명으로 하여 전개되는 인간 삶의 태도를 의미한다.

◉ 배려 의식의 토대로서 세 가지 보배: 자애, 검소, 겸손

노자의 생각은 매우 소박하다. 그래서 그의 사상을 '박(樸)'이라는 말로 표현하기도 한다. 그리고 그것은 자연(自然)과 무위(無爲)라는 개념으로 생명 의식과 관계의 조화를 드러내기도 한다. 그렇다면 노자가 가장 중요하게 여기는 덕목은 어떤 것인가? 즉, 인간관계에서 배려 의식의 토대를 이루는 것은 무엇인가?

> 나에게 세 가지 보배가 있는데 늘 그것을 지니고 보존한다. 첫째는 자애이고, 둘째는 검소함이며, 셋째는 겸손(세상 사람보다 앞서지 않는 것)이다. 자애하기 때문에 용감할 수 있고, 검소하기 때문에 넓힐 수 있고, 겸손하기 때문에 다른 사람의 모범이 될 수 있다. 이제 그 자애를 버리면서 용감하려 하고, 검소함을 버리면서 널리 베풀려고 하고, 겸손(뒤로 물러남)을 버리고 앞서려 한다면 죽게 될 것이다.[4)]

4) 『老子』 67章: 我有三寶, 持而保之, 一曰慈, 二曰儉, 三曰不敢爲天下先. 慈故能勇, 儉故能廣, 不敢爲天下故能成器長. 今捨其慈且勇, 捨其儉且廣, 捨其後且先, 死矣.

노자가 제시하는 보배, 인간 삶의 지혜는 세 가지이다. 즉, 자애로움과 검소함과 겸손이다.

자애는 사랑이다. 부모가 자식에게 갖는 아주 소박하고 자연스러운 사랑, 이것이 타인과의 관계에서도 자연스럽게 발휘된다면 배려의 정신 자체가 무화(無化)될 수도 있다. 즉, 배려의 차원을 넘어서서 '온전한 사랑'으로 가득 찬 무배려의 배려로 나아갔다고 볼 수도 있다.

다음으로 검소함인데, 검(儉)은 아주 적은 욕심으로 모든 것을 아껴서 가능한 한 여러 사람, 여러 대에 걸쳐서 생명 정신을 이어주자는 의미이다. 이런 검소함의 정신은 바로 자기 생명의 보전을 넘어 타인의 생명까지도 연장시키며 확장해 가는 지혜가 숨어 있다. 여기에서도 배려 정신은 현실에서 타인과의 관계를 초월한 초월적 배려의 의미를 담지하고 있다.

세 번째로 타인에 앞서서 행하지 않는다는 것, 겸손은 유순함과 양보 정신의 극치를 보여준다. 배려는 양보와 겸허함, 희생 정신 없이 이루어지지 않는다. 배려라는 것은 기본적으로 자기 것을 덜어내는 데서 성립하기 때문이다.

노자가 보배로 여기는 자애와 검소함, 겸손이 우리의 본성에서 나온다면, 우리는 다른 사람에게 소극적으로 행할 수 있으며, 어떤 다른 수단을 사용하지 않고 목적을 달성할 수 있다. 즉, 타인들 스스로에게 그가 원하는 것을 원하게 할 수 있다.

이 세 가지 보배는 사람과 사람 사이에서 인력처럼 작용한다. 즉, 자애로운 사람, 검소한 사람, 겸허한 사람은 모델링의 힘을 행사하여 '세상의 모범'이 될 수 있다. 이러한 덕목을 지닌 자야말로 가장 배려를 잘하는 사람이자 배려받을 수 있는 사람일 것이다. 노자의 사유에 의하면, 배려의 정신은 자애, 검소, 겸손의 정신 속에서 자연스럽게 우러나오는 덕목임에 분명하다.

◉ 조화(調和)와 물화(物化)의 배려

도가사상의 주요 내용 중 하나는 조화사상이다. 그것은 자아와 타인의 조화와 일치로 나아간다. 그 극치를 보여주는 생각이 바로 장자의 제물론(齊物論)이다.

제물론은 '다양한 주장을 가지런히 조화시킨다'는 의미이다. 온갖 입장들을 가지런히 하려면, 모름지기 크게 깨달은 진인(眞人)이 세상에 나와 세상 사람들에게 자신도 잊고 남도 잊게 하여 참으로 깨닫게 해야 한다. 나와 남이 다르지 않다는 것을 알게 하고, 대도(大道)라는 큰 바다에서 모든 것을 놓아버리도록 해야 한다. 이는 자아와 타인 사이의 관계 문제를 조화로 풀어내는 또 다른 차원의 배려 정신이다. 내가 남이 되고 남이 내가 되는 경지란 배려가 필요 없는 배려의 완성 단계로 보아도 좋다.

대부분의 사람은 자기의 입장에 따라 자기의 주장은 옳고 타인의 주장은 그르다는 태도를 취한다. 그러나 장자는 이를 꾸짖는다. 그에 대해 다시 생각해보게 함으로써 깨우친다. 즉, 자기 주장이 아니라 타인에 대한 배려, 혹은 그것을 넘어서는 초월적 배려를, 논변을 통해 드러내 보인다.

> 내가 당신과 논변한다고 하자! 당신이 나를 이기고 내가 당신을 이기지 못한다면 당신이 옳고 나는 그르다는 것인가! 내가 당신을 이기고 당신이 나를 이기지 못한다면 나는 옳고 당신은 그르다는 것인가? 아니면 당신과 나 가운데 한 쪽은 옳고 다른 쪽은 그르다는 것인가? 아니면 당신과 나 모두 옳거나 아니면 모두 그르다는 것인가? 나와 당신이 이 문제를 알 수는 없다. 그것은 사람이 태어날 때부터 이러한 일을 알만한 능력이 없기 때문일지도 모른다. 나는 누구에게 부탁하여 이 문제를 바로 잡게 할까? 당신과 같은 견해를 가진 사람에게 바로 잡으라고 할까? 당신과 의견이 같다면 어떻게 바로 잡을

수 있겠는가? 나와 같은 의견을 가진 사람에게 바로 잡게 할까? 이미 나와 의견이 같다면 어떻게 바로 잡을 수 있겠는가? 나나 당신과 의견이 다른 사람에게 바로 잡게 할까? 이미 나나 당신과 의견이 다른 사람이라면 어떻게 바로 잡을 수 있겠는가? 나나 당신과 의견이 같은 사람에게 바로 잡게 할까? 이미 나나 당신과 의견이 같다면 어떻게 바로 잡을 수 있겠는가? 그렇다면 나와 당신, 그리고 다른 사람이 모두 바로 잡을 수 없으니, 이제 어떤 것을 기다려야 할까?[5)]

배려는 서로에 대한 관심과 이해를 바탕으로 이루어진다. 장자는 각자의 주장을 과감히 버릴 때, 서로의 논변이 일치를 이룰 때, 인간 이해의 지평이 열린다고 진단한다.

배려도 마찬가지이다. 내가 배려한다고 해서 그것이 진정한 배려인 것만은 아니다. 남이 배려한다고 해서 그것이 진정한 배려가 아닌 것도 아니다. 진정한 배려는 열린 마음에서 사물을 가지런히 할 수 있어야 가능하다. 내가 배려하지 않았는데도 남에게는 배려가 될 수 있고, 남이 배려하지 않았는데도 나에게는 배려가 될 수 있다. 의도하지 않았던 일은 얼마든지 일어날 수 있다. 이는 어떤 객관적이고 고정적인 배려의 기준이 있기보다는 상황에 따라 서로가 서로에게 조화와 일치가 일어날 때, 배려는 저절로 드러남을 암시한다. 다시 말하면, 배려는 시나브로 서로가 느끼지 못하는 완전한 '만남'을 통해 완성되는 것이다.

이것을 그 유명한 '호접몽(胡蝶夢)'에서 유추해 보자.

그림자끼리 퉁탕거리며 논박하고 있다. 바깥의 그림자가 안쪽 그림자에게 물었다.
"조금 전 그대는 걷더니 이제는 멈추고, 조금 전에는 앉아 있다가 지금은 일어나는구먼. 왜 그리도 지조가 없어!"

---

5) 『莊子』「齊物論」.

> 안쪽 그림자가 대답했다.
> "의지하는 게 있어서 그런 것이 아닌가. 또한 내가 의지하는 것도 기대는 게 있어서 그러네. 혹시 나는 뱀의 비늘이나 매미의 날개에 기대고 있는 건 아닐까? 어째서 그런 줄 알며 왜 그렇지 않은 줄 알겠는가. 언젠가 장주(莊周)가 꿈에 나비가 되어 즐거이 날아 다녔네. 스스로 흡족하게 날아다니다 보니 자신이 인간 장주인지도 몰랐지. 그러다가 문득 잠에서 깨어나 보니 분명히 누워 있는 게 바로 장주였다네. 그가 꿈에 나비가 된 것인지 나비가 꿈에 그가 된 것인지 몰랐다네. 장주와 나비는 틀림없이 다른 존재일 것이므로 이를 물화(物化)라고 일컫는다네."[6]

완전한 만남은 내가 너 되고 너가 나 되는 물화의 상황 속에서 이루어진다. 따라서 서로에게 삼투해 들어가며 조화하는 것이 중요하다. 이것이 인간의 이해요, 배려의 실천이다. 장자의 호접몽은 바로 그런 상황의 극치를 보여준다. 그런데 자아와 타인 사이의 조화를 위해서는 무엇보다 중요한 것이 아집(我執)의 타파이다. 아집은 배려가 아니라 배타(排他)와 배제(排除)를 가져온다. 배려는 아집의 소멸을 통해 드러나는 타자에의 관심이다. 이것은 불교의 자기 희생이나 자비의 윤리와 맞닿아 있다.

(3) 불교의 배려관

불교의 근본 목적은 현실생활의 궤도에서 벗어나 '해탈(解脫)'을 얻는 데 있다. 그것의 중심에 깨달음과 자비(慈悲)의 윤리가 있다. 불교에서 보살핌, 배려의 문제도 바로 자비심의 발로와 직결된다. 왜냐하면 결국 타인에의 배려와 관심은 사랑과 연민이라는 자비심의 표출이기 때문이다. 불교에서 자비의 의미는 다음과 같다.

---

6) 『莊子』「齊物論」.

자(慈)는 중생(衆生)을 사랑하고 생각하여 항상 편안하고 즐거운 일로 풍요하고 이익이 있게 함을 말하는 것이다.

비(悲)는 중생을 연민스럽게 여기고 다섯 가지 도(道) 가운데서 온갖 육체적 괴로움과 정신적 괴로움을 받는 것을 말한다.

그러기에 대자(大慈)는 모든 중생에게 즐거움을 주는 일이고, 대비(大悲)는 모든 중생의 괴로움을 없애주는 일이다.

대자는 중생에게 기쁨과 즐거움의 인연을 주는 일이며, 대비는 중생에게 이별과 괴로움의 인연을 주는 일이다.

대자라는 것은 중생들에게 즐거움을 얻게 하도록 생각하고 또한 즐거운 일을 주는 일이며, 대비는 중생의 괴로움을 연민하고 괴로움을 해탈케 하는 일이다.

자(慈)를 닦는다는 것은 탐욕을 끊는 일이며, 비심(悲心)을 닦는다는 것은 진에(瞋恚)를 끊는 일이다.[7)]

자비는 사랑과 연민이다. 그런데 이 사랑은 이기적인 탐욕을 벗어날 때만 올바르게 실현될 수 있으며, 연민은 불관용의 진에(瞋恚), 즉 성냄을 극복할 때만 발휘될 수 있다. 다시 말하면 자비는 상대방, 타인에게 행복을 주고 괴로움을 없애주거나 함께 하는 삶을 말한다.

특히, 대승불교에서는 나 자신의 해탈을 넘어 나 아닌 다른 사람들이 나와 똑같이 해탈하여 나와 똑같이 열반의 행복을 누릴 수 있을 때까지 기다리며 그들을 도와주어야 한다는 정신을 갖는다.[8)] 이것이 바로 타인에 대한 배려요, 관심이다. 그리하여 불교적 배려는 오로지 남들의 고통에 그 바탕을 둔다. 남의 고통을 의식하고 함께 괴로워하는 마음 자세, 남들의 아픔과 기쁨에 대한 윤리적 실천이 바로 불교의 자비요, 배려이다.

배려는 타인에 대한 사랑의 정신에서 실천된다. 타인에게 행복을 주고 타인과 괴로움을 나누고자 하는 나눔이 배려이다. 이런 점

7) 『大智度論』.

8) 박이문, 『자비의 윤리학』(서울: 철학과현실사, 1990), 185쪽.

에서 대자대비(大慈大悲) 정신은 불교적 배려의 원리이다. 이런 불교의 자비 정신은 타인에 대한 배려요, 타인에 대한 배려는 해탈로 가는 지름길이다.

2. 서구 현대의 배려 이론

20세기 중반 이후, 서구의 교육철학은 배려(Caring), 혹은 보살핌의 윤리에 대해 적극적이다. 배려와 보살핌의 의미를 구체적으로 구분해 보면, 보살핌은 상대방이 자신보다 미약하고 열등한 입장일 때를 상정하고 있는 말인 듯하고, 배려는 자신과 상대방의 능력이나 지위에 구애됨이 없이 가능한 일이라는 의미가 강하다.[9] 보살핌과 배려, 혹은 돌봄이라는 개념을 포괄적으로 고려해 볼 때, 현대 서구의 교육철학자 중에서 이런 문제에 관심을 둔 학자로, 앞에서 언급했던 나딩스가 눈에 띈다.

나딩스(N. Noddings)는 배려를 일상적 · 언어적 의미에서 분석하기보다는 관계적 관점에서 이해한다. 즉, 배려하는 사람과 배려받는 사람의 관계를 규정하기 위한 기초로서 배려를 정의하였다. 배려는 타인에 대해 감정적 · 도덕적으로 전념하고, 정신적으로 부담을 갖는 상태로서 사물에 대하여 염려하거나 근심하는 것을 의미한다. 따라서 '배려한다'는 것은 다음과 같은 차원에서 논의된다.

첫째, 어떤 대상에 대하여 부담을 느끼고 초조해하고 걱정하는 작업이다.

둘째, 누군가에 대해 강한 욕구와 성향을 느끼고 그의 입장과 관심을 고려하는 일이다.

9) 이나현, 『배려윤리의 내러티브 교육과정을 위한 탐색』(파주: 한국학술정보, 2008), 18쪽.

셋째, 나이 많은 친척의 복지나 건강에 대해서 책임감을 느끼는 것이다.

나딩스는 이러한 배려의 주제와 중심을 여섯 가지로 논의하고 있다. 그것은 '자아에 대한 배려', '친밀한 사람들에 대한 배려', '낯선 사람과 멀리 있는 사람에 대한 배려', '동물 · 식물 그리고 땅에 대한 배려', '인간이 만든 세상에 대한 배려', '사상에 대한 배려'이다.[10)]

첫 번째 '자아에 대한 배려'는 배려에서 가장 중요한 주제이다. '자아'는 삶을 영위하는 주체이며, 이 자아의 삶은 육체, 영혼, 직업, 여가라는 네 가지 측면으로 살펴볼 수 있다.

첫째, 육체적 삶(Physical Life)을 통한 배려이다. 육체적 삶은 '건강한 신체에 건전한 정신이 깃든다(A Sound Mind in A Sound Body)'는 구호와 같이, 정신을 강화시키기 위한 단순한 수단이 아니다. 육체는 사람의 영혼과 이성을 통해 활력을 갖는다. 단순히 폐활량과 근육만을 늘리는 운동은 육체적 삶이 아니다. 육체적 삶은 운동뿐만이 아닌 복잡한 인간의 신체적 활동을 의미하며, 더불어 그 활동에 대한 이해이다. 이러한 이해와 확인은 자신에 대한 배려를 위해 필수적이다.

둘째, 정신적 삶(Spiritual Life)을 통한 배려이다. 정신적 삶을 영위하기 위해서는 숭고함을 공부하거나 이에 참여해야 한다. 왜냐하면 숭고함은 개인뿐만 아니라 집단에게도 중요하며, 실존적인 배려의 핵심이기 때문이다. 숭고함에 대한 이해는 종교적 활동이나 그림, 음악, 시 등 다양한 방식으로 그 가능성이 열려있다.

셋째, 직업적 삶을 통한 배려이다. 직업은 단순하게 어떻게 먹고 사느냐를 넘어서 있는, 자신의 삶의 목적과 관련된 중요한 활동이다. 직업적 삶이라는 것은 그 목적을 향해 자신의 내부에 있는 열

10) N. Noddings(추병완 · 박병춘 · 황인표 옮김), *The Challenge to Care in Schools*(『배려교육론』)(서울: 다른 우리, 2002), 참조.

정과 잠재능력을 최대한 발현하는 작업이다.

넷째, 여가적 삶을 통한 배려이다. 여가는 육체적 피곤함과 일상생활의 지루함을 해결해 주는 것으로서 일종의 탈출구이다. 한편으로는 새로움과 신선함을 선사해 주는 모든 활동이어서, 일상생활에서 새로움과 신성함을 느꼈다면 이 또한 여가가 될 수 있다. 여가는 휴식과 더불어 삶 자체에 활력을 불어 넣어 준다.

두 번째, '친밀한 사람들에 대한 배려'가 있다. 앞에서 언급한 것처럼, '자아에 대한 배려'는 배려의 기본이다. 그러나 이것만으로는 인간이 잘 살 수는 없다. 왜냐하면 인간은 사회에서 타인과 어울리고 있고, '자아'라는 존재는 홀로 살아갈 수 없기 때문이다. 다시 말하면, 사회라는 하나의 상황, 즉 인간과 인간이라는 관계 속에 존재하는 '자아'는 '타인에 대한 배려'가 필요하다. 특히, 나와 직접적인 관계를 맺고 있는 '친밀한 사람들'에 대한 배려가 중요하다.

첫째, 친밀한 사람일지라도 평등한 관계에 있는 사람들에 대해 배려해야 한다. 평등한 관계에서는 배려하는 자와 배려받는 자가 고정되어 있지 않다. 상호 간에 그 역할을 교대로 수행할 수 있다. 배우자와 연인들, 친구, 그리고 동료와 이웃은 평등한 관계에 있는 사람들이다. 이들과 맺는 애정이나 우정, 사회적 관계는 친밀한 동시에 평등하므로, 배려를 실천하기 위해 정해진 원칙은 없다. 다만, 삶 속에서 각 상황에 맞는 배려를 학습해 나간다. 이는 무엇보다도 인간의 도덕적 성장을 촉진시킨다.

둘째, 친밀한 사람일지라도 불평등한 관계에 있는 사람과의 관계이다. 불평등한 관계는 배려하는 자와 배려받는 자가 고정되어 있다. 이러한 관계에 놓여있는 이들이 바로 아이들과 학생들이다. 이들은 배려를 받는 과정에서 배려를 배워야 한다. 교육현장에서는 학생들이 배려할 수 있는 능력이 생겼을 때 그 능력을 실천할 수 있는 기회를 열어 놓아야 한다. 또한 자신에게 무엇이 필요한지 배려하는 자에게 요구할 수 있을 만큼 서로 안정적 관계를 형성해야 한다.

세 번째는 '낯선 사람과 멀리 있는 사람에 대한 배려'이다. 물리적으로 멀리 떨어진 사람을 배려하는 것은 매우 어렵다. 왜냐하면 배려의 완성을 직접적으로 확인할 수 없고, 배려 대상에 대한 이해가 부족해 질 수 있기 때문이다. 자주 만나고 가까이 있어야 쉽게 친밀해지고 인정이 생기는 법인데, 멀리 떨어져 있으면 배려의 문제를 쉽게 체험하기 어렵다는 말과도 통한다. 낯선 사람이나 멀리 떨어져 있는 사람의 경우, 선입견이나 잘못된 지식으로 인해 배려 그 자체가 하나의 폭력이 될 수 있다. 그러므로 자신에 대한 지식뿐만 아니라 다른 사람에 대한 지식을 얻을 수 있는 적절한 방법, 의사소통의 길을 계속 열어놓아야 한다.

네 번째는 '동물·식물 그리고 땅에 대한 배려'이다. 우리는 동물·식물, 그리고 땅과 상호의존적 관계에 있다. 인간의 삶은 이들과 분리되어 존재할 수 없다. 동물·식물·땅에 대한 배려는 결국 우리가 살고 있는 환경에 대해 민감성을 가지는 작업이다. 그것은 생태 의식의 함양과 통한다. 우리 주변의 많은 것들에 대해 무의미를 의미로 환원시키는 일이다. 이는 우리에게 절제 있고 민감하며 책임 있는 삶을 요구한다.

다섯 번째는 '인간이 만든 세상에 대한 배려'이다. 세상 사물에 대한 배려는 다른 배려와 달리 즉각적인 윤리적 영향은 없다. 하지만 이를 어떻게 다루느냐에 따라 다른 대상들에게 영향을 미친다. 그러므로 사물에 대한 배려는 어떤 측면에서 보면, 도덕적인 삶의 부분으로 고려될 수 있다. 즉, 도덕적 함축성을 갖고 있기에 소중하게 다루어야 한다.

여섯 번째, '사상에 대한 배려'이다. 사상(idea)에 대한 배려는 이를 받아들이는 사람의 입장, 즉 학생의 목적·관심·능력을 고려하는 것이다. 예를 들면, 중고등학생들을 교육하는 이유가 교육과정에서 운영되는 각 교과의 전문가를 육성하기 위한 것이 되어서는 곤란하다. 그것은 학생들에게 기초 지식과 기본 교양을 일러주고 올바른 인간으로 성장할 수 있도록 도와주는 일어야 한다. 그런데 많은 교수자들은 학생들에게 전문가 수준을 요구한다. 이는 배려의 차원에서 보면, 매우 낮은 수준이다. 학생들 스스로 자신의 효용성을 발견할 수 있도록, 스스로 선택하도록 열어 놓아야 한다.

이처럼 배려의 윤리는 다른 사람에 대한 책임감과 민감성을 갖고 보살핌을 소중히 여기며 인간관계의 유지에 역점을 두는 도덕판단의 지향성이다.[11] 배려는 의무감에서가 아니라 감정에서 생겨나는 다른 사람들에 대한 관심이다. 또한 관심과 주의, 다른 사람에 대한 느낌, 말하자면 다른 사람의 이익을 자신의 이익과 동일하게 혹은 더욱 중요하게 생각하는 것, 다른 사람의 성장과 발전에 대해 관심을 가지는 것, 가족 혹은 자기와 가깝거나 관계된 사람들의 공통적 이익을 지향하는 것 등이 포함된다. 이는 보편적이고 공정한 원리나 의무감과는 대조되며 타인에 대한 특별한 감정이라고 할 수 있다.

이런 차원에서 배려는 부담을 갖는 정신적 상태이다. 배려는 어떤 사람이나 사물에 대해 관심을 갖거나 이끌리는 경향을 가진다. 그러기에 그 사물이나 사람을 배려한다. 사람이 자신의 윤리적 이상을 실현하기 위해서는 그와 특수한 관계에 있지 않는 사람들에게도 배려하는 마음을 갖고 관계를 맺어야 한다. 우리 자신에게 가장 좋았던 배려하는 순간과 배려받는 순간에 대한 기억은 우리에게 하나의 감정으로 다가온다.[12]

---

11) 이나현, 앞의 책, 같은 곳.

12) N. Noddings, *Caring: Feminine Approach To Ethics & Moral Education* (L.A: Univ. of California, 1984); 이나현, 앞의 책, 37쪽.

그림 7 나딩스의 배려 주제들

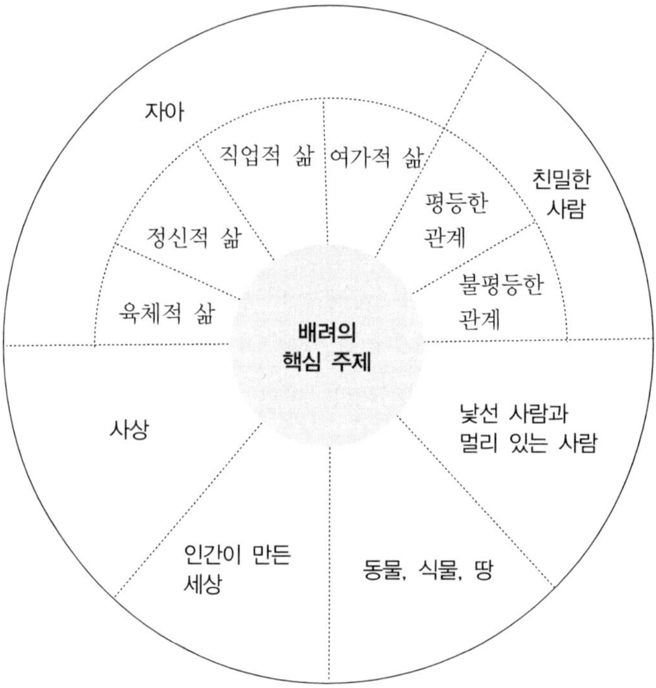

나딩스는 우리의 이해가 다른 이의 필요와 충돌할 때, 우리가 어떤 의무를 갖는다면 그것은 다른 사람에 대한 의무가 아니라고 본다. 그것은 도덕적이 되려는, 관계를 존속시키려는 우리 자신에 대한 의무이다. 그러므로 배려는 관계의 윤리학이 된다.

길리건의 경우에는 인간관계, 책임, 상호의존성, 유대, 애착, 동정심, 사람을 중요시하는 여성적 도덕성을 배려 윤리로 정의했다.[13] 이는 콜버그(L. Kohlberg, 1927~1987)의 도덕적 판단의 발달 이론이

13) C. Gilligan(허란주 역). *In a Different Voice: Psychological Theory and Woman's Development*(『다른 목소리로: 심리이론과 여성발달』)(서울: 동녘, 1997); 박병춘, 『배려윤리와 도덕교육』(서울: 울력, 2002), 참조.

남성에 대한 어떤 편견을 간직한 것이 아닌가라는 의심에서 비롯되었다. 이런 점에서 길리건은 배려를 정의의 윤리성과 대비하여 설명한다. 즉, 배려의 심리적 특성에 관심을 갖고 배려 윤리를 하나의 도덕적 정향으로 정의한다.

첫째, 정의와 배려의 관점들은 도덕적 문제들에 대한 사람들의 사고 방식을 서로 다른 방식으로 조직해 주는 독특한 정향들이다.

둘째, 남성들과 소년들은 배려에 대한 고려를 하지만 도덕적 문제를 정의의 틀 안에서 정의하고 해결하는 경향이 있다.

셋째, 도덕적 추론에서 배려에 대한 강조는 모든 여성들의 특징은 아니라고 할지라도 그 동안 혜택 받은 사람들 안에서는 여성적 현상이 드러난다.[14]

길리건에 의하면, 남성은 도덕적 판단을 내리기 위해 권리와 정의를 강조하는 상호이익의 양식을 따른다. 또한 도덕적 성숙에서 개인성과 자율성이 특징적으로 강조된다. 그러나 여성은 배려와 인격적 관계에 비유하는 반응 중심의 양식을 따른다. 즉, 관계성과 책임성이 특징적으로 강조된다고 하였다.[15]

이제 여성들은 인간관계에서 자신의 목소리를 내야 한다. 자신의 목소리를 내지 않고 이타적으로만 행위하는 것은 결국 자신의 목소리를 포기하고 인간관계에서 책임을 회피하는 일이다. 그것은 궁극적으로 자신의 소멸을 가져온다.

진실한 관계는 자신과 타인이 함께 포함되고 동등한 처지에서 관계를 유지한다. 자신이 배제된 관계는 진실한 관계가 아니다. 진실하지 못한 관계에 대해 침묵하고 자신을 희생하는 것은 자신을 상실하는 결과를 낳는다.

---

14) 박병춘, 위와 같은 책, 72~73쪽.

15) 이미식 · 최용성, 『도덕교육에 대한 새로운 접근: 배려의 윤리』(부산: 부산대학교출판부, 2002), 116쪽.

길리건에게서는 과거에 강조되던 '천사의 도덕'은 부도덕한 것으로 인식되고 거부된다. 대신 여성이 도덕적으로 발달하기 위해서는 천사의 도덕을 극복해야 한다.[16] 때문에 전통적인 현모양처(賢母良妻)의 모습처럼, 여성의 미덕으로 여겨져 왔던 모성적 배려나 천사의 도덕이 아니라 자신과 타인을 동시에 배려하고 관계 속에서 상호작용하는 도덕성이 중요하게 된다.[17]

메이어옵의 경우, 배려는 다른 사람이 성장할 수 있도록 도와주는 작업이다.[18] 전형적인 예로서 부모가 자식을 양육할 때, 교사가 학생을 교육할 때, 의사가 환자를 보살필 때, 남편이 아내를 대할 때의 배려를 제시한다. 이때 배려는 단순히 다른 사람이 잘되기를 소망하거나 다른 사람을 좋아하는 것, 또는 단순히 다른 사람에게 관심을 갖거나 다른 사람을 배려해 주고 싶은 욕구를 갖는 것과 차원이 다르다. 이런 일은 엄밀히 말하면 배려라고 보기 어렵다. 그렇다고 메이어옵이 배려하는 사람의 배려만을 상정하지는 않는다. 배려하는 사람은 배려를 통해서 부수적으로 자신의 성장을 이룰 수 있다. 즉, 메이어옵은 배려하는 사람과 배려받는 사람 간의 상호의존성을 강조한다.

이외에도 파커(R. Parker)는 배려를 일시적으로 또는 영구히 자신을 돌볼 수 없는 사람들을 배려하는 실질적인 행동으로 정의한다. 배려하는 행동의 구체적 사례로, 파커는 대소변을 가릴 수 없는 사람들에게 음식물을 먹여주고, 목욕시켜주는 일 등을 들고 있다. 또한 그레이엄(H. Graham)은 배려를 사랑의 노동으로 정의한다. 배려는 사랑이라는 정서적 노동이다. 여기에서 배려가 지니는 태도는 동기적 측면과 행위적 측면이 통합된다.[19]

16) C. Gilligan, 앞의 책, 참조.
17) 박병춘, 앞의 책, 106쪽.
18) M. Mayeroff, *On Caring*(N.Y: Haper & Low, 1971), 참조.
19) 박병춘, 앞의 책, 14~15쪽.

피셔와 트론토는 배려에 대해 좀 더 구체적으로 제시한다.[20] 배려는 우리가 이 세계를 잘 살아갈 수 있도록 세계를 관리하고 유지하고 고쳐가는 모든 것을 포함한 종(種: species)의 활동이다. 세계 속에는 우리의 육체, 자아, 그리고 환경과 집을 세우고 치료하는 행위들이 포함된다. 우리는 이 모든 것을 하나의 복합적이고 생존을 유지하는 망으로 엮어내고자 노력한다. 그런 세계의 망을 관리하고 유지하고 수리해가는 포괄적 의미의 관계적 차원이 배려이다.

이런 배려의 활동은 네 과정으로 이루어진다.[21]

첫째, '염려(念慮)'와 '주의(主意)'이다. 이 과정에서는 먼저 배려가 필요하다는 것을 인식하고 그것이 충족되어야 하는지 평가한다.

둘째, 배려를 하기 위해 준비하고 배려의 책임을 맡는다. 그것은 책임감을 핵심적인 도덕적 의무로 인식하며, 배려의 책임을 지는 과정이다. 이때 규명된 요구에 대한 책임감과 요구에 대해서 어떻게 응답할 것인지를 결정하는 일도 포함된다.

셋째, 구체적으로 배려를 실천한다. 배려에 대한 요구를 직접적으로 충족시켜주는 일이다. 배려하는 사람은 배려를 위해 육체노동이 필요하기도 하고, 배려의 대상과 직접적으로 접촉해야 한다. 예컨대, 울고 있는 아이에게 직접 젖을 주고, 굶어 죽어가는 사람에게 직접 식량을 공급해주며, 환자의 옷을 직접 세탁해 주는 그런 행동들이다.

넷째, 배려를 받는 사람이 배려에 응답하는 과정이다. 예컨대, 피아노를 조율하면 소리가 좋아지고, 환자를 돌봐주면 상태가 좋아지며, 굶주린 아이에게 음식을 주면 건강해지는 경우와 같이 배려하는 자의 배려에 대해 배려받는 자가 어떻게 응답하는지 고려해야 한다.

이런 과정에서 각각 주의 깊음, 책임, 능력, 응답능력과 같은 윤

20) 박병춘, 위와 같은 책, 16~17쪽.

21) J. Tronto, *Moral Boundaries: A Political Argument for an Ethic of Care*(N.Y: Routledge, 1994), 참조.

표 2 피셔와 트론토의 배려의 과정

단계	내용	윤리
1	염려와 주의	주의 깊음(attentiveness)
2	준비와 책임	책임(responsibility)
3	실천	능력(competence)
4	응답	응답능력(responsiveness)

리적 태도가 요청된다.

그리고 테로우(B. Tarlow)의 경우, 배려는 호혜적 관계 안에 구현된 지적이고 정서적이며 도구적인 상호교환이라고 정의한다. 이때 성공적인 배려의 관계는, 두 사람이 하나로 결합하는 관계가 아니다. 밀접성과 독자성이 조화를 이루면서, 배려를 행하고 취하고 수용하고 교환하는 관계이다. 그는 이를 8가지로 구분하여 설명한다.[22)]

첫째, 배려를 시작하기 위해서는 반드시 '사람'들이 존재해야 한다.

둘째, 배려의 과업을 수행하기 위한 '시간'이 있어야 한다.

셋째, 이 과정을 촉진시켜주는 수단으로서 '대화'가 있어야 한다.

넷째, 배려하는 사람은 반드시 다른 사람의 필요에 '민감'해야 한다.

다섯째, 타인에게 최상의 '이익'을 주기 위해 행위해야 한다.

여섯째, '감정'을 투자해야 한다.

일곱째, 가장 중요한 것은 타인을 위해서 '도움'이 되는 일을 해야만 한다.

여덟째, 배려를 받는 사람은 반드시 배려의 과정을 영속화할 수 있는 방식으로 '응답'하며 상호성을 가져야 한다.

즉, 사람-시간-대화-민감성-이익-감정-도움-응답이라는 유기적 행위 패턴이 상호밀접하게 독자성을 유지하면서 교환되어야 한다.

22) 박병춘, 앞의 책, 18쪽.

그림 8 테로우의 배려의 교환관계

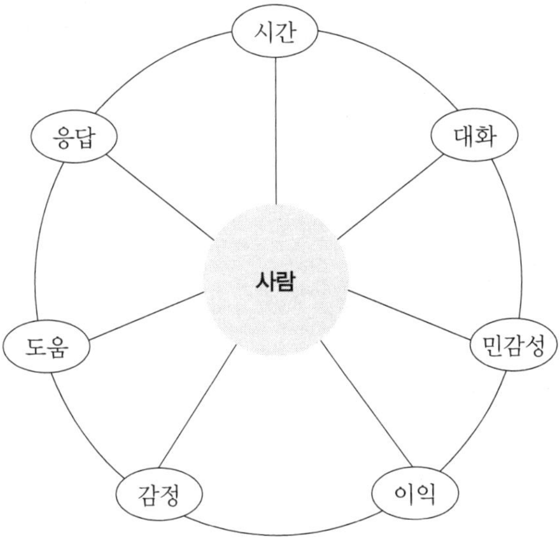

이와 같은 현대 서구에서의 배려 개념은 기존의 전통과 관념에 신선한 영향을 미쳤다. 그것은 배려하는 사람과 배려받는 사람의 인식을 바뀌게 하고, 배려와 보살핌, 돌봄의 의미가 인간의 삶에서 얼마나 중요한지 일깨워 주었다.

듀이가 "교육은 삶 그 자체이다"라고 말했듯이 '배려는 삶 자체이다.' 왜냐하면 인간은 배려를 통해 상호작용하면서 삶의 건강성을 담보할 수 있기 때문이다. 어떤 맥락에서 보면, 배려의 실천은 배려를 실천한 것 이상으로 훌륭한 사회를 확립하는 데 일조할 수 있다. 그것은 가정생활, 자녀양육, 이웃과의 정, 심미적 감상, 도덕적 민감성, 환경에 대한 지혜, 종교적 또는 영적 지능 등 완전한 삶을 위한 주인 정신을 발현하게 만든다.[23]

23) Katz · Noddings · Strike(윤현진 · 박병춘 · 황인표 · 정창우 · 정탁준 옮김), *Justice and Caring*(『정의와 배려』)(서울: 인간사랑, 2007), 43쪽.

CHAPTER 06 배려 실천을 위한 요건들

1. 의사소통과 상호작용

인간관계, 배려는 타인과의 상호작용이다. 이는 자신과 타인에 대하여 보다 많은 것을 알고, 상호 간의 수용과 성장을 촉진함으로써 발전된다. 따라서 긍정적인 인간관계의 기술, 타인에 대한 배려는 인간에게 생산적으로 협동하고 효과적으로 배울 수 있는 분위기에서 타인과 의사소통하도록 돕는다.

의사소통은 생명체들(living beings) 사이에서 감정, 태도, 사실, 신념, 생각 등을 전달하는 과정이다. 언어가 의사소통의 일차적인 수단인 것은 분명하다. 그러나 결코 유일한 수단은 아니다. 비언어적 의사소통은 얼굴표정, 침묵, 몸짓, 감촉, 입모습, 눈짓 등을 통해 이루어진다. 뿐만 아니라, 사람들이 서로 의미를 주고받는 데서 사용하는 다양한 비언어적 기호나 단서 등을 통해 이루어진다.

요컨대, 사람 사이의 의사소통은 어느 한 사람이 타인에게 영향을 주고 타인을 이해하는 데서 사용되는 모든 수단을 포함한다.

(1) 효과적인 의사소통

배려를 위한 활동 중에서 가장 중요한 작업이 의사소통일 것이다. 배려하는 사람과 배려받는 사람 사이의 의사소통을 통한 상호작용은 배려의 성패를 좌우한다. 효과적인 의사소통을 위해 중요한 것은 무엇일까?

효과적인 의사소통은 쌍방적 과정이다. 쌍방, 혹은 양방으로 통로를 개방하기 위해서는 양쪽 참여자가 협동할 필요가 있다. 다음에 제시하는 방식들은 기본적인 몇 가지 규칙들로서 의사소통을 원만하게 하는 데 도움을 줄 수 있다.[1)]

그것은 감정이입을 하고, 장애물을 의식하며, 피드백을 주고받고, 타인의 말을 경청하며, 권력과 조작에 의한 전달을 피하고, 타인을 수용하려고 노력하며, 자기를 존중하고 상대방을 신뢰하는 일이다.

첫째, 감정이입을 한다.

타인을 이해하고 소통을 하기 위해서는 무엇보다도 자기가 타인의 입장에 서 보는 것이 중요하다. 타인에게 자기의 온정과 이해를 전달하는 능력을 가져야 한다. 그래야만 감정이입이 일어난다. 감정이입을 한다는 것은 타인의 경험을 자기의 경험 속에서 재창조하는 것을 말한다. 그것은 타인의 관점에서 세상을 보려는 삶의 태도이다. 우리는 타인과 똑같은 경험을 할 수 없다. 그것은 필요하지도 않고 가능하지도 않다. 그러나 감정이입을 통하여 타인의 기쁨을 나름대로 볼 수 있고, 타인의 슬픔을 '내면화'할 수 있으며, 타인과 '동반자 의식'을 느낄 수 있다. 그리하여 타인에게 다가가고 타인과의 관계를 강화시켜야 소통의 발판을 마련하게 되는 것이다.

둘째, 장애물을 의식한다.

바람직한 의사소통을 방해할 수 있는 장벽을 가능한 한 제거해야 한다. 고정관념이나 기타 선입견은 버려야 한다. 특히, 서로 간의 차이점이 있다고 해서 의사소통이 되지 않을 것이라고 생각해서는

1) A. Ellenson(주삼환 · 명제창 공역), *Human Relations*(『인간관계론』)(서울: 법문사, 1988), 127-133쪽.

곤란하다. 무엇보다도 중요한 것은 의사소통을 자발적으로 하려는 태도이다. 자신의 마음을 개방한 상태에서 타인의 얘기를 듣되, 선입견을 갖고 판단하면서 의사소통의 과정에 참여하지 말아야 한다. 최대한 타인의 관점에서 상황을 보도록 노력하라. 그러면 타인도 그런 관점에서 상황을 보려고 할 것이다.

자신이 갖고 있는 가정적 배경, 과거의 경험, 자기의 사적인 가치, 신념, 흥미 등이 자신의 지각에 영향을 줄 것이라는 것을 인식하고, 그러한 시각에서 메시지를 고찰하도록 노력해야 한다. 왜냐하면, 사람들은 자신이 갖고 있는 왜곡된 태도로 인해 때때로 말하지 않았던 것들을 알게 되면서, 의도했던 메시지를 듣지 못하게 되기 때문이다.

셋째, 피드백을 주고받는다.

쌍방적 의사소통이 아무리 잘된다고 할지라도 피드백은 매우 중요하다. 타인이 전하려는 의도나 의미를 이해했다는 확신을 갖지 못했다면, 다시 물어보아야 한다. 예를 들어, "제가 선생님을 정확하게 이해했는지 모르겠습니다"라고 말하고 나서, 상대방이 말하고자 했던 것에 대한 나의 지각을 반사시켜 주거나 피드백해 줄 수 있다. 아니면 "선생님은 선생님께서 ~하게 느낀 것을 말했습니까?"라고 말하고 나서, 내가 이해한 것을 말해 줄 수도 있다.

이와 같은 방법으로 의사소통 당사자들 간에 공통된 이해를 가져야 하고 함께 협동할 수 있는 분위기를 만들어야 한다. 때로는 상대편의 의도에 대한 해석, 또는 메시지가 명확하게 전달되고 있는지를 알아보기 위하여, 의사소통의 내용을 부분적으로 자세하게 검토할 필요가 있다. 상대방의 말을 들으면서 그 말을 자기의 말로 의역하고 자신의 말에 반영하는 능력을 계발해야 한다. 그리고 피드백을 주고받을 때 자신에 대한 개방적 인식의 영역을 넓히고 새로운 통찰을 얻도록 노력해야 한다.

넷째, 타인의 말을 경청한다.

다른 사람의 말을 경청(敬聽)하는 행동은 타인에 대한 적극적인 책임 의식이다. 단순히 수동적인 행동이 아니다. 우리는 의사소통의 과정에서 상대방이 말하고 있는 경우, 듣는 사람이 된다. 이때는 단순히 그 사람이 하는 말뿐만 아니라 그 사람의 사상과 감정을 알아차리는 '마음의 귀(inner ear)'를 갖고 얘기를 들어야 한다. 그리고 메시지에 대한 자신의 지각을 피드백 해야 한다. 때로는 "그런 얘기를 들어서 뭐해? 그들과 얘기를 하느니 차라리 벽을 대하고 얘기를 하는 게 낫지?"라는 말을 할 정도로 타인의 태도에 대해 느낄 수도 있다. 그렇다고 하더라도 진정한 배려를 위해서는 사람들을 담벽을 대하고 있는 것 같이 앉아 있는 것이 아니라, 즉각적인 반응을 보여주며, 타인들이 진정으로 그들의 말을 경청하고 있음을 알게 해야 한다. 그래야 그들도 나의 말을 경청한다.

다섯째, 권력과 조작에 의한 전달을 피한다.

가끔, 권력을 갖고 있는 사람들은 자신의 지위를 이용하여 자신이 원하는 방식으로, 자신의 권력을 이용할 권리를 갖고 있다고 생각한다. "나는 우두머리니까 그 일을 내 방식대로 할 수 있어"라고 주장한다. 이는 권력의 남용이다. 분명하게 책임을 져야 할 지위에 있는 사람들이, 어떤 결정을 내리기 위해서는 권위를 필요로 한다. 이때 중요한 것은 그들이 그러한 권력을 어떻게 사용하느냐의 문제이다.

권위적 인물들이 최선의 것을 알고 있는 여러 가지 사례가 있다. 이들이 의사소통의 명수라면, 타인들을 통제하고 조작하는 권력을 사용하지 않고, 타인들이 최선의 결정을 할 수 있도록 도와 줄 수 있다. 그렇다고 이들이 모든 해결 방안을 알고 있는 것은 아니다.

어느 한 사람의 '권위'는 타인들이 그를 어떻게 보느냐에 달려 있다. 그것은 보통 사람들이 지원과 격려를 위해 서로 의존하는 대인관계로 알려져 있다. 지원을 해줄 때, "당신이 나를 사랑한다면 그렇게 행동하지는 않을 거야", "내가 말해준 대로 한다면 당신을 도와줄 수 있어", "당신이 그따위 일(행동)을 멈추지 않는다면 아마 일이 잘 풀리지 않을 걸" 등과 같이 '어떤 조건'을 설정해 놓고 지원하려는 사람들은 의사소통의 측면에서 현명하지 못하다. 이러한 경우, 권위는 오용된 것이고, 상대방은 이를 의미 있게 고려하지 않는다. 왜냐하면, 신뢰와 이해의 관계는 개인의 권력에 기초하는 것이 아니라 믿음과 신뢰에 근거해야 하기 때문이다.

사람들은 자신이 권력의 남용이나 조작적인 상황에 처해 있다는 것을 알게 되면, 인간관계를 승리와 패배의 시각에서 보게 된다. 그렇지만, 사람들이 진실한 마음으로 효과적인 의사소통을 바라고 있다면, 어떤 사람도 권력 싸움에서 일방적으로 이기지는 못하게 된다.

여섯째, 타인을 수용하려고 노력한다.

타인을 수용하기 위해는 먼저, 타인과 타인의 견해를 존중하고 배려를 해야 한다. 타인의 강점을 격려해 주고 강화시켜 주어야 한다. 타인을 수용하는 것은 타인과 함께 하려는 개방적이고 자발적인 태도를 포함한다. 여기에는 또한 "당신이 가장 예쁘거나 자랑스럽게 생각하는 것이 무엇입니까"라고 말하는 것과 같이, 타인이 갖고 있는 자아상을 키워주는 것도 포함된다.

조건 없이 타인을 수용하는 것은 의사소통을 원활하게 한다. 이러한 분위기는 애정 어린 수용을 가능하게 한다. 사람은 자신이 실수를 했을 때, 어쩔 수 없는 것으로 받아들이기 쉽다. 여기에는 쌀쌀맞음도 없고 책망이나 거절, 비난이나 비웃음도 없다. 상호존중은 의사소통을 하는 사람들이 진실하고 솔직한 수용 태도를 갖고 접근하게 하는 요인이다.

이로 인해 사람들은 상대편에게 "당신은 훌륭하고, 나는 당신이 하는 말을 경청하고 싶어" 등과 같은 메시지를 전달하게 된다. 사람이 자기의 관심사를 자유롭게 얘기하고, 그러한 관심사를 토론할 만한 가치가 있는 것으로 수용될 수 있다는 것을 알도록 하는 작업이 매우 중요하다. 상대편에 대한 판단을 하지 말고, 먼저 그 사람에게 접근하여 얘기를 나누는 일이 필요하다.

일곱째, 자기를 존중하고 상대방을 신뢰한다.

의사소통이 안 될 경우에는 우리는 자기 자신과 상대방을 신뢰할 자세를 가져야 한다. 이를 위해서는 열린 마음으로 정직하게 상대방의 욕구에 대처할 필요가 있다. 때로는 상대방에 의해 자신의 의견이 거절될 수도 있다. 그것은 역설적으로 상대방과 깊고 의미 있는 관계를 이룰 수도 있다는 가능성이기도 하다. 즉, 자신이 오해하였을지도 모르는 모험이 있는 반면, 또한 자신의 방식대로 이해를 도모할 수 있는 기회가 될 수도 있다.

때문에 자신의 생각과 경험을 함께 얘기해 볼 기회를 잡아야 한다. 종종 상대방이 인정하지 않거나 비웃을지도 모른다는 생각 때문에 자기 자신의 생각과 감정을 숨기려 하는 경우도 생길 것이다. 그러나 내가 갖고 있는 생각과 경험은 이해의 문을 여는 열쇠가 될 수도 있다. 불분명한 문제를 규명할 일이 생길 경우, 자발적인 태도를 가져야 한다. 어떤 문제는 논의하기가 아주 어려울 수도 있겠지만, 그래도 토론을 통해 문제 해결의 실마리를 잡을 수 있다.

타인에게서 신뢰와 믿음을 발견하려면, 먼저 신뢰받는 사람이 되어야 한다. 이것은 자신의 행동에 대한 책임감과 믿음을 갖고 생활할 때 가능하다. 믿을 만한 사람을 찾고자 할 때마다 우리는 내가 신뢰할 수 있으며 동시에 내가 알고 있는 사람을 찾을 것이다. 마찬가지로 나 자신이 먼저 신뢰받을 수 있는 사람이 되어야 한다.

그림 9 효과적인 의사소통의 쌍방적 과정

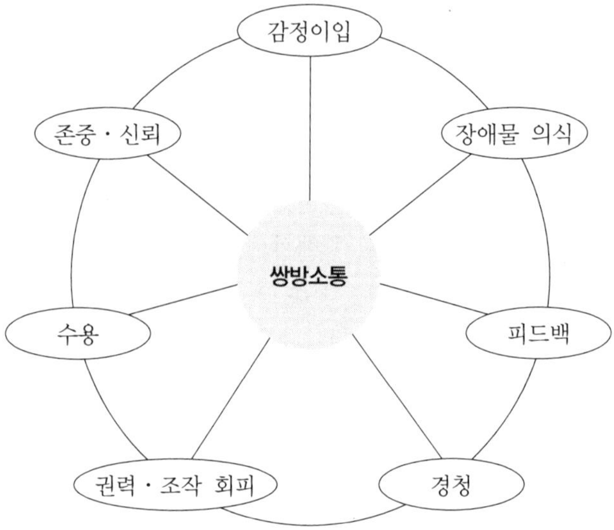

(2) 공감의 수준과 발달 단계

배려를 하기 위해, 공감은 필수적이다. 공통의 관심과 느낌! 그것은 진정한 배려의 전제이다.

공감은 다른 사람의 입장에서 이해하는 능력이자 실제적으로 나눔을 통한 협력에서 발생한다. 따라서 그것은 상호작용의 뿌리이다. 달리 말하면 배려의 뿌리가 된다. 우리 주변에서 흔히 볼 수 있는 나누기, 돕기, 위로하기, 협조하기 등 서로 공감하는 친사회적 행동은 타인에 대해 관심을 갖고 배려하는 심리적 특성이 행동으로 표출된 것이다. 이런 점에서 공감은 이타성(利他性)을 낳고, 이타성이라는 심리적 특성은 친사회적 배려 행위를 낳는다.[2)]

2) 이미식 · 최용성, 앞의 책, 135쪽.

우리가 누군가를 배려하려고 할 때, 자신의 문제를 스스로 해결할 수 있는 잠재력을 믿지 못한다면, 그를 도울 수 없다. 특히, 배려받는 사람의 독특한 개성과 자질을 이해하면서 그를 존중해야 한다. 배려받는 사람이 삶의 여러 측면에서 노력하고 있는 모습을 발견하게 될 때, 그를 존중하는 마음은 증가한다. 배려하는 사람이 효과적으로 관심을 기울이는 행동과 배려받는 사람의 능력에 대한 믿음을 통하여, 배려하는 사람은 배려받는 사람에 대한 존중을 나타낼 수 있다. 그리고 배려받는 사람이 스스로 할 수 있을 때 그를 위해서 무엇인가를 지원해 주기보다는 오히려 그러한 배려받는 사람의 노력을 격려해 줌으로써 배려받는 사람에 대한 존중을 보여줄 수 있다.[3)]

온정이나 배려는 공감 및 존중과 밀접히 관련되어 있다. 우리가 잘 알지 못하거나 별로 좋아하지 않은 사람을 돕는다는 것은 그리 쉬운 일이 아니다. 그러나 배려에 관심을 갖다보면 꼭 싫어하는 것은 아니지만 배려하는 사람과 다른 의견을 가진 배려받는 사람도 만날 수 있다. 심한 경우, 배려하는 사람과 의견이 비슷한 배려받는 사람을 만나기 어려울 수도 있다. 이때 의견 차이가 있는 두 사람 간에 존중이 어떻게 교환될 수 있느냐 하는 것이 문제가 된다.

배려하는 사람이 배려받는 사람의 의견에 동의하지 않는 것과 배려받는 사람을 거부하는 것은 구별되어야 한다. 즉, 배려받는 사람의 의견에는 동의하지 않을 수 있지만 배려받는 사람을 하나의 인격체로서 존중할 수 있다. 거부나 이의는 수용적 행동이 아니라는 생각에서, 배려받는 사람의 말을 덮어놓고 받아들여서는 안 된다.

---

3) 이장호 · 금명자, 『상담연습 교본』(파주: 법문사, 2008), 64~65쪽; 이 주제는 '상담연습의 과정'에서 '상남사'와 '내담자'와의 관계 문제, 특히, '수용적 존중'을 논의하고 있는 곳에서 인용하였다. 여기서는 상담자를 배려하는 사람, 내담자를 배려받는 사람로 이해하고 '상담자=배려하는 사람', '내담자=배려받는 사람'으로 정돈하였다.

한편, 반대 의견을 전달할 경우엔 부드러운 음성이나 기타 비언어적 단서로 배려받는 사람을 인격적으로 수용하고 있다는 것을 전달해야 한다. 반대 의견의 표현과 인격적 거부가 서로 다르다는 점을 배려받는 사람에게 깨닫게 하는 것은, 그 자체가 배려받는 사람의 성장을 촉진하는 계기이다.

중요한 점은 배려하는 사람이 반대 의견을 표현했을 때, 배려받는 사람이 협박을 받는 듯하고 불안을 느끼게 되면, 배려받는 사람은 조심스럽고 주저하게 되며 자신을 방어하게 된다. 또한 배려받는 사람은 자기의 감정과 생각을 자유롭게 표현하지 않을 것이다. 은은한 미소, 침착하면서도 부드러운 목소리 등 주로 비언어적 수단을 통해 온정이나 배려가 전달되지만, 무엇보다도 배려받는 사람을 한 인격체로 대한다는 점이 중요하다.

이러한 배려자 사이에 이루어지는 공감은 친사회적 행동인 동시에 이타적 행동의 뿌리이다. 그러기에 공감은 다른 어떤 사람의 상황에 대한 대리적인 정의적 반응이다. 그 발달 단계는 아래와 같이 제시할 수 있다.[4)]

제 1 단계는 '전체적 공감'이다. 생후 첫해, 상당 기간 동안 갓 태어난 아기들은 자아와 타인을 제대로 구분하지 못한다. 타인으로부터 오는 곤경의 단서와 자신들의 신체에서의 자극들을 명확하게 구별하지 못한다. 타인들의 고통이 마치 자신의 것처럼 반응한다. 예를 들어, 우는 아기를 본 다른 아기들이 따라서 우는 경향이 있다. 이것이 바로 전체적 공감(감정이입)이다.

제 2 단계는 '자기중심적 공감'이다. 1살 후반기에서 2살로 접어들면서 어린 아이들은 타인과 자신은 신체적으로 구별되는 존재임을 알게 된다. 따라서 실제로 고통에 처해 있는 것이 자신이 아니라 타인이라는 것을 알게 된다. 그러나 다른 사람들이 자신이 경험하는

4) 이미식 · 최용성, 앞의 책, 135~136쪽.

표 3 공감성의 발달 단계

단계	특징	내용
1	전체적 공감 (global empathy)	자아와 타자의 미구별 무조건적 감정이입
2	자기중심적 공감 (egocentric empathy)	자아와 타자의 신체적 구별 감정이입적 반응
3	타인의 감정에 대한 공감 (empathy for another's feelings)	자아와 타자의 감정적 구별 감정의 범위 공감
4	타인의 삶의 조건들에 대한 공감 (empathy for another's life condition)	자아와 타자의 개인적 이해 타인의 이해에 의한 감정이입

것과는 근본적으로 구별되는 어떤 다른 것을 경험할 수도 있다는 것을 아직 완전하게 이해하지 못한다. 어떤 사람이 곤경에 처해 있다는 것을 알지라도 자신의 감정에 적절한 방식 속에서 반응한다. 예를 들어, 어린 아이가 울고 있는 것을 본 아이는, 우는 아이의 엄마가 그 자리에 있음에도 불구하고, 자기 엄마의 손을 잡아끌어 우는 아이를 달래 주라고 재촉한다. 이것이 자기중심적 공감이다.

제 3 단계는 '타인의 감정에 대한 공감'이다. 초보적 단계이지만 나름대로 역할을 조망할 수 있는 나이에 들어선 1~2살 무렵의 어린 아이들은 타인들이 자기와 구별되는 감정을 지니고 있다는 사실을 알게 된다. 언어 사용의 발달을 통하여 어린 아이들은 보다 크고 복잡한 감정의 범위들을 공감할 수 있게 된다. 이런 정황이 타인의 감정에 대한 공감이다.

제 4 단계는 '타인의 삶의 조건들에 대한 공감'이다. 아동 말기, 초기 청소년기의 아이들은, 시간의 경과에 따라 자아와 타인에 대해 지속적인 개인들로 이해하기 시작한다. 나름대로 독특한 인생, 그리고 현실 상황에 대해 긍정적, 혹은 부정적 감정들을 경험하는 개인으로 이해한다. 때문에 이 시기의 공감은 전체적인 삶의 상황이나

표 4 존중과 배려의 차원

수준	존중의 정도	배려의 내용	배려의 차원
1	존중 결여	부정적 배려	배려의 저차원 배려의 가능성 ↑
2	존중 무관심	기계적 · 수동적 반응	
3	긍정적 존중	관심 · 상대방 인식	배려의 계기 · 순간 · 자각
4	깊은 긍정적 존중	깊은 관심 · 자유로운 개인으로서 인정	↓ 배려의 실천 배려의 고차원
5	매우 깊은 긍정적 존중	매우 깊은 관심 · 인간적 가치 인정	

타인의 복지 정도의 이해에 의하여 촉진될 수 있다. 이것이 타인의 삶의 조건들에 대한 공감이다.

공감을 통해 배려하는 사람은 배려받는 사람에 대해 '수용적 존중성'을 갖는다. 수용하면서도 존중하는 태도는 다음과 같은 다섯 가지 수준에서 고려할 수 있다.[5]

첫 번째 수준은, 배려자 사이의 의사소통에서, 그 언어와 행동의 표현이 상대방에 대한 존중이 명백히 결여되어 있거나 부정적 배려만이 있는 정도이다. 이 수준에서는 상대방의 감정과 경험이 고려할 만한 가치가 없다고 판단된다. 따라서 상대방이 건설적으로 행동할 능력이 없다는 인상을 전달한다. 즉, 상대방에 대한 배려가 없고 자신이 평가의 유일한 초점이나 기준이 된다. 그러므로 여러 가지 형태로 상대방의 감정이나 경험, 잠재력에 대해 전혀 존중하지 않다.

두 번째 수준은, 배려자 사이에서 상대방의 감정이나 경험, 잠재력에 대해 거의 존중하지 않는 경우이다. 상대방의 여러 감정에 대해 기계적으로 또는 수동적으로 반응하거나 상대방의 감정을 거의 무시해 버린다. 즉, 여러 가지 형태로 상대방의 감정, 경험 및 잠

5) 이장호 · 금명자, 앞의 책, 66~67쪽.

재력에 대해 별로 관심을 두지 않거나 존중하지 않는다.

세 번째 수준은, 배려자 사이에서 상대방의 감정이나 경험, 잠재력에 대해 기본적으로 긍정적인 존중과 관심을 전달하는 정도이다. 상대방의 자기 표현 능력과 생활환경을 건설적으로 다루는 능력에 대해 존중해 주고 관심을 보여준다. 요컨대, 여러 가지 방법으로 상대방이 누구이며 무엇을 하고 있고 또 중요한 존재임을 인식하고 있다는 느낌을 전달한다. 이는 대인관계의 기능을 촉진하는 기초 수준이다.

네 번째 수준은, 배려자 사이에서 상대방에 대해 깊은 긍정적 존중과 관심을 표명하는 단계이다. 상대방에게 한 개인으로서 자유로움을 느끼도록 하며 자신이 가치 있는 인간임을 경험하도록 의사소통하는 수준이다. 이때는 상대방에게 감정이나 경험, 잠재력에 대해 깊은 관심을 전달한다.

다섯 번째 수준은, 배려자 사이에서 상대방에게 한 인간으로서의 가치와 자유인으로서의 잠재력에 대해 매우 깊은 긍정적인 존중을 전달하는 최고의 수준 높은 단계이다. 상대방에게 인간적인 잠재력에 대해 아주 깊은 관심을 쏟아 주는 경우이다. 이때는 상대방의 인간적 가치에 몰입되어 의사소통을 한다.

2. 멘 토 링

(1) 멘토의 유래와 중요성

배려를 실천하는 방법 중에 중요한 양식의 하나가 멘토링(Mentoring)이다. 멘토링은 멘토(Mentor)와 멘티(Mentee)가 어울려 만남의 체계를 구축한다. 멘토는 지혜롭고 신뢰할 만한 안내자이다. 어떤 직업 분야에 능통한 사람으로 조언과 격려를 해주는 친구이기도 하다. 나아가 다른 사람의 학습과 성장을 기꺼이 도와주는 사람이기도 하다.

이들은 보다 건전하고 건강한 삶의 세계를 지속하기 위한 배려자로서 우리 앞에 선다. 이때 멘토는 배려하는 사람이 될 수 있고, 멘티는 배려받는 사람으로 이해할 수 있다. 물론 그것은 상황에 따라 달라지고, 유기적으로 영향을 미친다. 멘토링은 수련도가 낮거나 경험이 부족한 사람에게 특정한 역량을 키우고 개발하도록 북돋아 준다는 목적을 가지고, 숙련도가 높거나 경험이 풍부한 사람과 숙련도가 낮고 경험이 부족한 사람을 의도적으로 짝지우는 작업이다.

이런 멘토링은 고대 그리스 신화에서 유래했다. 우리에게 너무나 익숙한 이름인 오디세우스(Odysseus), 그는 당시 수시로 일어나던 전쟁에 참가하지 않으려고 미친 사람으로 변장도 해 보았다. 그러나 결국은 발각되어 트로이 전쟁에 참가하면서 아들인 텔레마코스(Telemachus)의 양육을 친구인 멘토(Monter)에게 부탁한다. 전쟁 10년, 방랑 10년의 20여년의 세월이 지난 후 귀환한 오디세우스는 너무나 훌륭하게 성장한 아들을 만나게 된다.

여기에서 멘토의 역할과 기능이 떠오른다. 멘토는 어떻게 텔레마코스를 교육했을까? 스승으로서 멘토, 친구의 자식에 대한 배려자로서 멘토는 무엇을 했을까?

텔레마코스는 아버지가 누구인지 몰랐다. 그는 어릴 때, 아버지가 전쟁에 나갔고, 편모 슬하에서 가끔씩 멘토라는 사람을 만나고 있었다. 그러면서 20년의 세월이 흘렀고 아이는 성인이 되었다. 너무나 오랜 시간이 지나, 이제 아버지의 생사를 아는 사람은 아무도 없었다. 그의 어머니는 여러 남자들과 어울리며 가정을 소홀히 했다. 그럴 때마다 젊은이는 화가 치밀었다. 때마침 나이 지긋하고 박식한 노인이 진지하게 조언한다.

"이보게 젊은 친구, 여기서 이런 쓸모없는 사람들과 함께 지내는 것보다는 아버지를 한번 찾아보는 것이 어떻겠나? 아버지에게 무슨 일이 있었는지 알아보는 일이 좋지 않겠는가? 아버지를 찾으면 함께 집으로 오면 되고, 그런 일이야 없겠지만 아버지를 찾지 못하고, 혹시 사망했다는 소식이라도 듣고 그 사실을 알게 되더라도, 자식으로서의 도리를 다한 것이 되니 헛된 일은 아닐세 그려. 아버지가 귀향하면 자네 가족을 책임질 수 있을 것이고, 어머니가 지금처럼 난잡한 생활을 하지 않도록 도움을 줄 수도 있지 않겠나!"

그리고 그 노인은 젊은이에게 여행 계획을 어떻게 세워야 하는지, 여행 중에 어떤 부류의 사람들을 만나야 하는지, 자세하게 이야기해 주었다. 뿐만 아니라 다음과 같이 격려하며 어깨를 두드려 주었다.

"나는 자네가 반드시 아버지를 찾을 수 있을 것으로 믿네. 자네는 아버지를 찾을 만한 충분한 능력과 자질을 갖추고 있어!"

이 짧은 장면이 그 유명한 호머의 『오디세이(Odyssey)』에 나오는 멘투의 모습이다. 오디세우스의 아들 텔레마코스에게 충고한 현명한 노인의 이름은 멘토이다. 그가 바로 인류의 역사에서 최초의 멘토이고, 당시 그의 실제 이름이 지금 현대 사회에서 정신적 스승이나 마음의 조언자를 일컫는 '멘토'가 되었다.

엄밀히 말하면, 멘토가 텔레마코스를 어떤 방법으로 양육했는지 자세하지는 않다. 멘토는, 전쟁에 나가는 오디세우스가 너무나 긴급한 상황에서 자신의 어린 아들 양육을 부탁한 인물로, 아주 짧게 언급되고 있을 뿐이다. 그러나 20여년의 세월이 흐른 후에, 아버지를 찾아 나설 만큼 훌륭한 정신 세계를 구축하는 데 기여한 것은 분명하다. 그것이 멘토를 멘토라는 이름으로 남게 한 이유이기도 하다.

사실, 오디세이에서 멘토는 '지혜'의 여신인 아네나(Athena)가 변장을 한 인물이다. 이런 차원에서 멘토는 '지혜'와 각별하게 연관된다. 지혜를 주고받으며 타자를 배려하는 일과 상통한다. 텔레마코스와 같이 어려움을 겪는 이야기는 실제 우리의 삶에도 수시로 발생한다. 어려움을 헤쳐 나가기 위해 어떤 방법이 필요한가?

그것을 멘토의 사례에서 찾아보는 것도 좋다. 삶에서 좋은 스승을 만났다면 그것은 신이 준 선물이다. 값으로 따질 수 없는 지혜, 경험과 충고가 바로 최고의 선물이기 때문이다. 앞에서 본 것처럼, 멘토는 원래 남자이기도 하고 여자이기도 했다. 마찬가지로 인생에서 만나는 멘토에 남녀노소의 구분이 없다.

멘토는 값으로 따질 수 없고 그 무엇과도 비교가 되지 않을 만큼 소중하다. 그것은 그들의 값진 경험을 나누어 가질 수 있기 때문이다. 멘토는 참담한 실패의 가르침을 여러 번 경험하면서 여러 가지 소중한 교훈을 배웠기 때문에, 좋은 멘토는 가르침, 충고, 지혜, 용기뿐만 아니라 약간의 동기마저 제공할 수 있다. 이런 차원에서 위대한 멘토는 우리의 삶을 완전히 변화시킬 수 있다.

멘토의 힘과 가치를 이해하려면, 일반적으로 주변의 친구와 동료가 나의 삶에 미치는 영향력을 생각해보면 된다. 나를 둘러싸고 있는 주변의 영향력을 결코 작지 않다. 학창시절에 공부를 잘하고 성적이 우수하며 똑똑하고 영리한 친구들과 어울렸다면 나도 좋은 성적을 받았을 가능성이 높다. 반대로 수시로 가출을 하거나 비행을 저지르는 친구들과 어울렸다면 나도 그럴 확률이 높다.

(2) 멘토와 상반되는 존재들: 원통 안에 빠진 게

멘토가 지혜와 용기를 북돋워주는 사람이라면, 멘토와 상반되는 사람도 있다. 그들은 배려에서 매우 부정적 영향을 미칠 수 있다. '원통 안에 빠진 게'로 상징되는 그들의 모습을 보면서 경계의 모델로 삼자.[6)]

---

6) J. Wirsz(신우철 옮김), 『백만장자 비밀수업』(서울: 베스트프렌드, 2008), 89~

살아있는 게들이 원통 안에 갇혔다. 어떤 일이 일어날까? 게들은 서로 가장자리로 올라가서 원통을 빠져나오려고 한다. 그러나 한 마리가 올라가려고 하면, 다른 게들이 집게로 다리를 붙잡으면서 서로들 올라가려고 기를 쓴다. 끌어내리려고 의도한 것은 아니었지만 결국은 서로를 끌어내려 자멸적 순환과정을 끝없이 되풀이 한다. 이 과정에서 탈출에 성공하는 게는 단 한 마리도 없다. 슬픈 일이지만 인간 사회에서도 이와 유사한 행동을 발견할 수 있다.

겉보기에는 앞에서 본 '게와 같은 사람들(Crab people)'의 그럴듯한 충고가 별것 아닌 것처럼 들릴 수 있다.

"밤새워 일하지 말고 좀 쉬어. 자넨 휴식이 필요해. 그간 못 만났던 친구들도 좀 만나야지."

이런 종류의 말은, 처음에는 우호적이고 악의 없는 말처럼 들린다. 그러나 시간이 지나면서 그 표면 속에 놓인 부정, 두려움, 시기, 분노 등의 의미가 조용히 드러난다. 이와 같은 감정은 인간 본성의 일부일 뿐이나.

부정적인 생각을 하는 사람들은 성공을 향한 사람들의 노력에 후한 점수를 주기보다는 실패할 것으로 예단한다. 두려움이 많은 사람들은 운명에 도전하면, 상황이 더 악화될 것이라고 말한다. 때문에 이러한 부정적인 사람과 어울리면 실패할 확률이 높아진다.

일을 하다보면, 실패할 수도 있다. 그러나 한두 번의 실패로 인해, 삶을 포기한다면 '게 같은 사람들'은 속으로 크게 기뻐한다. 사람들의 포기를 본 그들은 노력을 기울이지 않고 옛 방식을 고수하는 자신들이 옳다는 사실을 확인하려고 한다. 그러면서 그들은 동병상련(同病相憐)을 부르짖는다.

인생의 성공을 향유하려면 이 점에 대해 매우 신중하게 생각해야 한다. 성공을 향해 노력하는 최초의 순간부터, 우리는 성공을 하

90쪽.

더라도 흥분하지 않을 성숙한 사람들로 둘러싸여 있지 않다면, 다음과 같은 선택의 기로를 만날지도 모른다. 부정적인 영향력을 가진 친구들과 결별하느냐, 아니면 꿈을 포기하느냐. 시기심 많은 사람들은 자신들이 당신의 소유물을 가질 자격이 있다고 생각한다. 노력을 한 것은 그들이 아니라 바로 당신인데도 말이다. 분노하는 사람들은, 그들과 똑같은 지점에서 시작해서 그들보다 더 훌륭한 결과를 만들어 낸 당신을, 자신들에 대한 묵시적인 비판이라고 여기며 화를 낸다.

성공의 궤도에 진입하면 이제는 그에 못지않게 중요한 선택을 해야 한다. 성공을 달성하기 위해서, 남보다 앞서가려고 남을 짓밟는 비윤리적인 사람들과 함께 일을 하느냐, 아니면 우회로를 선택해 약간 돌아가느냐를 선택해야 한다. 이것은 친구, 직장동료, 그리고 심지어 멘토에 이르기까지 모든 주변 사람들에게 적용된다.

모든 멘토가 똑바른 길을 가르쳐주는 것은 아니다. 멘토가 꾸불꾸불한 길을 가라고 충고하는 경우, 그 길을 밟아나가면서 습득하게 될 교훈이, 그만한 대가를 지불하면서 배울 만한 가치가 있는지를 결정해야 한다.

(3) 좋은 멘토를 구하는 방법

나를, 타자를, 혹은 세상의 다양한 사물들, 그런 멘티를 배려하기 위해, 우리는 멘토를 요청한다. 그렇다면, 어떻게 훌륭한 멘토를 찾을 수 있을까?[7] 컴퓨터 업계의 거장 빌 게이츠나 유엔 사무총장과 같은 분을 멘토로 모시고, 그들을 만나기 위한 약속 날짜를 잡는다는 것은 정말 어려운 일이다. 그렇다고 대기업의 총수나 유명한 정

7) 위와 같은 책, 91~96쪽; 이 주제는 원래 백만장자를 꿈꾸는 사람들을 위한 충고의 글인데, 백만장자를 배려자의 모습으로 재해석하여 정돈하였다.

치 지도자에게 갑자기 다가가서 "안녕하십니까? ○○○회장님, 혹은 ○○○시장님. 당신이 이제 나의 새로운 멘토이니 당신이 알고 있는 지식을 내게 가르쳐 주십시오"라고 말할 수도 없다.

더군다나 누군가에게 다가가 다음과 같이 말하는 배려자 중에서 훌륭한 사람은 없다.

"안녕하십니까? 나는 대한민국에서 가장 훌륭한 멘토인 ○○○라고 합니다. 당신이 훌륭한 멘토가 되는 방법을 가르쳐줄 테니 잘 들으시오."

아무리 훌륭한 조언일지라도 먼저 묻기 전에 그런 식으로 조언하면 대부분의 사람들은 화를 낸다.

대부분의 경우, 멘토와의 관계는 친구로부터 시작된다. 내 삶의 향상에 영향을 준 멘토는 꽤 많다. 그들 모두가 우정을 통해 나의 멘토가 되었다. 나는 그들 중 누구에게도 그들이 알고 있는 것을 내게 가르쳐 달라고 조른 적은 없다. 그들이 하고자 하는 이야기에 관심을 드러냈을 뿐인데, 나도 모르게 의도하지도 않았던 우정이 싹텄다.

부모님과 형제자매, 친척, 선생님을 제외하고 내 인생의 초반부에 가장 중요한 멘토는 초등학교 친구들이다. 친구들은 내가 우울할 때 함께 놀아주고 웃어주며 미래에 대한 의견을 나누었다. 현재 그 친구들의 대부분은 사회에서 성공적인 생활을 하고 있다. 40년이나 지난 지금도 나는 친구들을 수시로 만나면서, 서로 흉금 없는, 그러나 건설적이며 협력적인 피드백을 주고받는다. 친구들은 내가 원하는 경우 언제나 내게 충고와 격려의 말을 건넨다. 때로는 원하지 않는 경우에도 말이다.

초등학교 친구들은 함께 시간을 보내면서 서로가 서로의 멘토였고 멘티였다. 자신도 모르게 서로의 모습을 닮고자 했는지도 모른다. 나는 친구들과 함께 있으면 좀 더 훌륭한 사람이 되는 것 같은 느낌이 들었다. 그렇기 때문에 멘토를 발견하는 것은 진정으로 존경하는 사람에게 접근해서 그를 존경하는 마음으로 대하는 것을 의미한다.

누구나 알다시피, 우정은 계획에 의해 얻어지는 것이 아니다. 그렇게 얻어서도 안 된다. 우연과 상호 간의 공감대를 기초로 자연스럽게 발전하는 것이다. 그렇기 때문에 눈 씻고 찾는다고 훌륭한 멘토를 반드시 발견하는 것은 아니다. 어느 맑은 날 오후에 멘토를 찾으려고 나서는 것은, 특정한 곳에서 정해한 날짜에 좋은 친구를 우연히 만나는 것만큼이나 비현실적이다.

훌륭한 멘토를 만나기 위해서는 먼저 자신의 주변 상황을 이해해야 한다. 그리고 기회가 생길 수 있을 곳 같은 데 자리를 잡는다면 친구와 멘토 모두를 발견하기 위해, 일단은 올바른 길에 들어선 것이다. 이렇게 해서 실제로 친구와 멘토를 만난다면, 그것은 우연처럼 보이겠지만, 결코 우연이 아니다.

그렇다면 성공한 사람들은 왜 남들에게 멘토처럼 행동하는가? 멘토는 이런 관계에서 어떤 이익을 얻는가? 간단히 말하면, 멘토는 자신의 지식과 경험을 통해 타자를 배려하는 것에서 만족을 얻는다. 이것은 인간의 보편적인 본성이다.

우리 모두는 좋아하는 것을 남들과 공유하고 싶은 바람과 필요성을 가지고 있다. 성공한 사람, 즉 훌륭한 멘토는 누군가가 진정한 학습욕구가 있다는 것을 아는 경우, 그의 심성이 착하고 말을 귀담아 듣는 사람이라면, 그들이 알고 있는 것을 가르쳐주는 데 기쁨을 느낀다.

그렇다고 멘토에게 배우려는 사람들 모두가 좋은 멘티인 것은 아니다. 성공할 수 있는 방법을 알려달라고 조르기도 하고, 멘토에게 일을 부탁한 후 대가를 지불하려는 사람도 있다. 이것은 진정한 멘티의 자세가 아니다!

훌륭한 멘토는 코치와 같이 성공 전략을 알려주고 용기를 심어주며 격려해 준다. 성공 전략과 용기는 필수적이다. 멘토-멘티관계의 핵심은 멘토의 경험으로부터 가르침을 얻지만, 그 가르침은 지적으로 최고의 성공 확률로 일을 하는 방법인 동시에 감정적이기도 하다. 멘토가 "난 경험이 있으니까 무슨 말을 하고 있는지 알아. 자네는 이 일을 할 수 있어!"라고 격려하면, 멘티는 "멘토가 한 말은 사실이 분명해"라고 생각하며 자신감을 얻는다.

그렇다면 진정한 멘토란 어떤 사람일까? 그것은 바로 우리가 인생에서 실패를 경험했을 때, 함께 할 수 있는 사람이다.

"모든 일을 충실하게 했다고 생각했는데, 결과가 이렇게 나왔어요. 너무 실망스럽고 서글퍼서 울어버릴 것 같아요."

이렇게 말했을 때, 진정한 멘토들은 다음과 같이 달래는 경우가 대부분이다.

"예, 안타깝군요. 하지만 어디가 잘못되었는지 다시 확인하며 고민해 봅시다. 함께 개선책을 찾아 봅시다."

진정한 멘토라면, 자신의 경험에 비추어, 시도할 수 있는 여러 가지 방법을 알려줄 수 있다. 멘티는 어떤 측면에서는 경험이 부족할 수도 있고 의욕이 앞설 수도 있다. 자신의 삶과 업무에 너무 충실하다보니 노력을 했지만, 실패를 한 원인을 알 수 없는 경우도 있다. 마치 숲속에서 나무는 보이지만 숲 전체를 볼 수 없는 것과도 같다.

예를 들어, 어떤 멘티가 "이것 이외에 다른 방법을 도저히 못 찾겠어"라고 했을 때, 현명한 멘토라면 이렇게 말할 것이다.

"나도 그런 방법으로 시도해봤어. 하지만 결과는 실패였어. 내가 이렇게 문제를 해결했는지를 알려줄게. 나라면 그와는 다른, 이런 방법으로 시도했을 거야."

이런 충고는 기존에 매여 있던 생각과 완전히 다른 관점을 제공한다. 뿐만 아니라 새로운 정보를 제공하여 자신감을 가지게 한다.

멘토-멘티관계, 멘토링이 젊은이들에게만 적용된다고 생각하는 사람들이 많다. 하지만, '멘토링'은 언제 어디서나 형성될 수 있다.

앞에서 언급한 수천 년 전 최초의 멘토는 젊은 텔레마코스가 아버지 오디세우스를 찾도록 격려했고, 오디세우스가 전쟁에서 승리하여 왕관을 되찾고 그의 왕국에 평화를 회복하도록 도왔다.

세상에는 내가 도전하는 분야에서 나보다 아는 것이 많은 사람들이 분명히 존재한다. 그러므로 우리는 기꺼이 멘토를 찾아 나서야 한다. 훌륭한 멘토는 하늘이 준 선물이다. 우리는 진정한 멘토를 통한 배려의 관계망, 멘토링을 세계를 구축해야 한다. 그 실천의 첫 단추가, 좋은 친구를 사귀는 일이다.

3. 만남과 대화

배려는 근본적으로는 살아있는 인간이 또 하나의 자유로운 인간을 만나는 일이다. 근원적 차원에서 배려는 기계적 테크닉이 아닌 사람 사이의 삶의 소통이다. 그러기에 사람 사이의 참된 관계는 배려의 내용과 방법에 선행한다. 이런 맥락에서 실존철학자인 부버(M. Buber, 1878~1965)의 '만남'의 철학은 사람 사이의 관계확립에 시사하는 바가 크다. 여기에서는 부버의 대화적 관계와 실존적 사고에 근거하여 바람직한 인간관계와 배려 윤리의 실제를 모색해 본다.[8)]

8) 강선보, 『마르틴 부버 만남의 교육철학』(서울: 원미사, 2003), 217~236쪽; 교육에서 인간관계를 다루는 이 부분은, 본래 '바람직한 교사-학생'의 관계를 구명한 것이다. 여기에서는 교육을 '배려'의 상황으로 보고, 교사를 배려하는 사람, 학생을 배려받는 사람으로 이해하여 문맥을 수정하였다.

(1) 인격적 친교

인격적 친교는 사람과 사람 사이에 둘 다 자유로이 활동하는 인격체로서 각각의 인격이 '상호 만나는 것'을 의미한다. 따라서 사람 사이의 만남은 항상 서로를 하나의 인격체로서 대하고, 수단이 아닌 목적으로 만나야 한다. 왜냐하면 배려의 기본 목적은 타인에게 무언가를 주는 데만 있기보다는 개개의 인간을 책임감 있는 인격적 존재로 마주하는 데 있기 때문이다. 사람을 수단시하였을 때, 배려한 사람과 배려받는 사람의 관계는 비인격적으로 전락하고 만다.

인격적 상호관계는 단순한 자극-반응의 관계가 아니다. 자극-반응의 관계는 우리가 자주 이용하는 자동판매기에서도 이루어진다. 그런 기계적 반응은 감정을 서로 주고받을 수 있는 인격적 친교 작용이 아니다. 그러므로 배려하는 사람과 배려받는 사람 사이의 인격적 친교작용이 없다면, 그 관계는 동전을 집어넣으면 기계적 반응을 하는 자동판매기의 이용과 다를 바 없다.

인격적 관계형성을 위해서는 배려하는 사람 자신이 먼저 인격을 갖추어야 한다. 자기 자신의 내부로부터 자신의 인격성에 눈뜬 사람은 아직 눈뜨지 못한 사람을 배려할 수 있다. 진정한 배려는 그때 이루어진다. 부버는 그런 만남을 다음과 같은 비유로 설명했다.

어떤 사람이 노래를 부르는 데 목소리를 더 이상 높일 수 없는 음(音)이 있다. 바로 그때, 또 다른 사람이 다가와 그와 함께 노래를 부른다. 그 사람은 그 이상의 음을 낼 수 있었다. 이를 계기로 첫 번째 사람도 덩달아 그의 목소리를 높일 수 있게 되었다. 바로 이것이 영혼과 영혼 사이의 결합의 신비이다.

배려하는 사람과 배려받는 사람의 관계는 이와 같아야 한다. 인격에 눈뜬 배려하는 사람은 배려받는 사람의 영혼, 인격을 일깨워줄 수 있다. 그러기에 배려의 본질은 영혼과 영혼의 접합이며, 인격과 인격의 만남이다.

(2) 구도적 동반자

구도적 동반자(求道的 同伴者) 관계는 배려하는 사람과 배려받는 사람 사이를 상하관계로 보지 않고, 진리와 삶 앞에 적나라하게 서 있는 동등한 구도자의 관계로 보는 것이다. 부버는 이것을 '우정'의 관계라고 표현했다. 이런 정황에서는, 때로는 배려하는 사람과 배려받는 사람이 되기도 하고, 그 반대의 경우가 되기도 한다. 진리와 삶 앞에서 배려하는 사람이 배려하는 사람이기를 그치고 배려받는 사람이 배려받는 사람이기를 그칠 때, 어떤 편견도 없는 진정한 배려와 만남이 가능하다. 그러므로 배려받는 사람이 배려하는 사람과 만나는 경우라 하더라도, 그것은 배려를 위한 만남의 특수 형태가 아니라, 어디까지나 단순히 사람 사이의 만남이다. 따라서 삶과 진리 앞에 배려하는 사람과 배려받는 사람이 동등한 구도자의 자세로 마주설 때 진정한 만남이 가능하다. 다음에 제시된 ①, ②의 두 나그네 사례를 보며 생각해 보자.

눈이 펑펑 쏟아지는 추운 겨울날, 한 나그네가 길을 떠났다. 목적지에 도달하기 위해서는 깊은 산을 넘어야 했다. 계곡을 가다 보니 웬 나그네 한 명이 눈 위에 쓰러져 있었다.

① 쓰러진 나그네를 배려할 것인가 말 것인가? 나그네는 망설였다. 쓰러진 나그네를 보살피거나 업고 가다가 지체하면 자기마저 얼어 죽을 것이라는 생각에 못 본 체하고 지나쳤다. 결국 이 나그네는 추위를 이기지 못하고 얼마 못가 얼어 죽고 말았다.

② 당연히 저 사람을 보살펴야지, 이 추운 날 저렇게 쓰러지다니. 나그네는 쓰러진 나그네를 업고 목적지를 향해 부지런히 걸었다. 이마에는 구슬 같은 땀이 흘렀으며, 등에서는 따스한 체온이 솟

아나와 업힌 나그네의 가슴으로 전달되어 언 몸을 녹여 주었다. 결국 둘 다 살았다.

①의 나그네는 삶과 진리 앞에 떳떳이 맞서지 못했기에 결국 파멸하고 말았다. 그러나 배려의 정신으로 떳떳이 맞선 ②의 나그네는 공생(共生: living together)을 하게 되었다. 나만이 아니라 나와 너가 함께 살 수 있는, 이른 바 윈윈(win-win)의 삶을 보여주었다. 진흙에 빠진 사람을 구하기 위해서는 어떻게 해야 할까? 진흙 속으로 뛰어들어야 한다!

오늘날, 첨단과학과 지식정보의 홍수시대를 살아가는 사람들은 위의 예에서 본 쓰러진 나그네처럼, 진리와 삶의 문제로 방황하며 고뇌한다. 배려 정신을 갖춘 사람은 이러한 사람들을 지나쳐버려서는 안 된다. 구도자적 자세로 그들의 삶에 동참하여 동반자로서 고뇌할 때, 배려의 정신이 살아나고 윤리는 실천된다. 배려를 통해 서로 일깨움을 주고받음으로써 삶의 건전함을 지속할 수 있다.

(3) 포용적 관계

포용적 관계는 배려하는 사람과 배려받는 사람이 서로 정체성(identity)을 지니면서도 상대편의 삶에 동참함으로써 자기 생(生)의 실현을 맛보는 일이다. 즉, 어떠한 선입견이나 편견 없이 상대방을 있는 그대로 받아들이면서 상호존중하고 이타적 삶을 영위하는 것이다. 참된 배려자는 배려받는 사람의 삶에 동참한다. 그리고 자기 자신을 비이기적으로 주는 아가페적 사랑 속에서 진정한 자기 삶을 발견한다.

앞에서 살펴 본 "네 이웃을 내 몸과 같이 사랑하라"라는 기독교 정신이나, "사람을 사랑하라"는 유교의 인(仁)이 바로 여기에 해당한다. 다시 말해, 이웃(사람)을 버리는 것은 자기 자신을 버리는 짓이다. 마찬가지로, 배려받아야 할 사람을 버리는 것은 우리 자신을 버리는 짓이다. 배려받아야 할 사람은 상대적으로 미성숙하거나 어려움에 처했을 수 있다. 이른 바 결점 투성이다. 그런 난점과 결점조차도 사랑할 때, 배려받을 사람의 삶을 있는 그대로 포용할 때, 배려받는 사람도 배려하는 사람의 삶을 포용하게 된다. 이때, 비로소 상호포용적 관계가 성립한다.

(4) 개방적 믿음

개방적 믿음은 배려하는 사람과 배려받는 사람이 신뢰의 분위기 속에서 서로의 삶 앞에 자기 자신을 드러내는 것을 의미한다. 배려하는 사람의 가장 중요한 과제는 배려받는 사람들에게 믿음의 가치를 깨우쳐 주는 일이다. 믿음의 전제가 되는 것은 개방이다. 자신을 먼저 상대방에게 드러내 보여야 비로소 상대방도 믿고 자신을 드러내 보인다. 여우와 늑대의 우화를 보자.

여우와 늑대가 같은 방향으로 걸어가고 있었다. 앞에서는 늑대가 걸었고 뒤에서는 여우가 걸었다. 늑대와 여우의 거리는 어느 정도 일정하게 유지되고 있었다. 앞에서 걷는 늑대가 깊은 생각에 잠겼다(지금 여우는 내 뒷모습을 보며 걷겠지. 내가 고개를 뒤로 살짝 돌리면 여우의 얼굴을 보겠구나).

늑대는 더 밝은 곳을 기다렸다. 다행히 저 앞에 아주 밝은 곳이 펼쳐져 있었다. 그곳에 이르자 늑대는 고개를 살짝 돌려 여우의 얼굴을 훔쳐보았다. 다시 앞을 바라보며 늑대가 큰소리로 외쳤다.

"너는 내 뒷모습을 보며 걷지만 나는 너의 얼굴을 봤다."

여우가 빙그레 웃으며 입을 열었다.

"나도 방금 전에 네 얼굴을 봤다. 상대방의 얼굴을 보려면 먼저 자신의 얼굴을 보여줘야 한다구!"

이 우화가 시사하는 것처럼, 닫아놓은 상대방의 마음의 빗장을 열기 위해서는, 먼저 자기 자신의 마음의 빗장부터 열어야 한다. 마음의 문을 열지 않는 사람을 누가 믿겠는가?

배려하는 사람이 자기 자신을 개방하고 믿음직한 분위기를 형성하기 위해서는 용기와 진실한 태도, 그리고 상당한 원숙성을 필요로 한다. 자신을 진리 앞에 내어놓고, 그 결과가 어찌되든 기다린다. 이것은 넓은 의미에서 '자기를 내던진다'는 뜻이다. 그렇다고 믿음과 개방이 반드시 배려의 성공을 보장하는 것은 아니다. 즉, 모험적 성격을 지니기 때문에 믿음과 개방이 거부되는 상황에서는 배려의 실패를 가져올 수도 있다. 그럼에도 불구하고, 배려하는 사람이 배려받는 사람을 믿고 자기 자신의 내면성을 개방하지 않을 수 없는 이유는, 믿음과 개방의 모험 없이는 위대한 배려의 성과를 낼 수 없다고 보기 때문이다. 그러므로 배려하는 사람은 때때로 실패의 벽에 부딪치게 되지만, 그가 배려하는 사람이기 때문에 또 다시 믿음을 긍정하고 자기 자신의 마음을 열어야 하는 것이다.

(5) 개성의 조화

개성의 조화는 배려하는 사람과 배려받는 사람이 각각 자유로운 개성적 존재로서 상호 만나는 관계를 의미한다. 왜냐하면 이를 통해 창조활동이 이루어진다고 보기 때문이다. 부버는 이 세상의 모든 참된 관계가 개별화에 근거해 있다고 하였다. 우리는 개별화되어 있기 때문에 서로 다른 사람끼리 알게 되며 또 만나기도 한다. 그러나 이 개별화 자체가 관계의 한계가 되기도 한다. 왜냐하면 개별화 상태에서는 상대를 완전히 알기 어렵기 때문이다.

우리는 개별화를 통해 상대가 서로 다름을 안다. 즉, 타자성을 인정하게 된다. 그러므로 배려하는 사람은 배려받는 사람들의 독자적 타자성을 인정하며, 진리에 대한 자신의 관계를 그들에게 강요해서는 곤란하다. 뚜렷하고 특색 있는 독립적 인격을 서로가 보장할 때 대화적 관계가 성립될 수 있기 때문이다.

인격과 인격의 관계는 결코 주관과 객관의 관계가 아니다. 주체와 주체 간의 관계이다. 배려하는 사람은 배려받는 사람을 하나의 개성적 인격으로 파악해야 한다. 오케스트라 연주에서 보듯이, 여러 악기들은 제각기 독특한 음을 내면서 한데 어우러져 아름답고 웅장한 선율을 이룬다. 즉, 개개 악기의 개성을 유지하면서 조화를 통해 새로운 예술 세계를 창출한다. 이처럼 배려의 관계도 제각기 다른 개성을 인정하면서, 하나의 화음을 이룰 때 더욱 아름답다.

(6) 대화적 관계

대화적 관계는 배려하는 사람과 배려받는 사람이 대화를 통하여 서로의 인격을 함양해 주는 관계이다. 부버는 인간이 단독자로서는 불완전하다는 점, 고립된 존재는 인간이 아니라는 점을 역설하였다. 그래서 그는 참된 삶이란 서로 만나는 일, 사람과 사람과의 관계 속에 사는 데 있다고 보았다. 여기에서 만난다는 것은 대화의 삶을 말한다. 대화 속에서 한 사람은 다른 사람에게 말을 건네고, 삶이 자기에게 무엇을 의미한다는 것을 상대방에게 제시한다. 우리가 한 인격으로서 다른 인격에게 전달할 때, 나의 전인격이 당신에게 무엇인가 말을 해주며, 당신의 전인격이 나의 생활에 그 무엇을 말해 주게 된다. 이러한 대화관계에서는 내가 만나는 인격을 결코 나의 경험의 대상이나 이용의 대상으로 보지 않고 주체로서 파악하게 된다. 그러기에 대화적 관계는 인격적 만남의 관계이다.

대화란 너를 향하여 말하려는 나의 의지만이 아니라 너가 나에게 말하려는 바를 듣고자 하는 의지 사이의 민감성이다. 대화적 관계는 자신의 입장을 상대방에게 강요하지 않는다. 대화는 상호관계이며, 각자가 상대방의 처지를 체험하면서 참된 말을 주고받는 것이다. 따라서 대화는 무책임한 '예'보다는 책임 있는 '아니오'를 더 존중한다. 왜냐하면 진실한 대화 속에서만이 참된 인격적 친교가 이루어질 수 있기 때문이다.

진실한 대화를 하고 있다면, 우리는 분명히 줄곧 그 대화에 참여하고 집중하게 된다. 만약 우리가 듣지 않으면 응답할 수 없을 뿐만 아니라, 상대편의 주의를 끌지도 못하게 된다. 그런 경우, 우리는 상대방을 이해시키려고 노력해야 하며 또한 이해하도록 노력해야 한다. 그리고 상대방을 믿게 하도록 노력해야 하며 믿기 위해 노력해야 한다. 이러한 상황 속에서 우리가 완전하고 솔직한 응답을 하게 될 때, 인격적 만남을 경험하게 되는 것이다. 이처럼 어떠한 배려이던 간에, 배려하는 사람과 배려받는 사람 사이가 대화적 관계로 형성될 때, 배려는 온전하게 될 것이다.

P/A/R/T 2
학 습

- 제 7 장 공부와 학습, 그리고 내성과 교통
- 제 8 장 배려를 위한 학습법 워크숍
- 보 론

CHAPTER 07 공부와 학습, 그리고 내성과 교통

1. 공부의 시작과 목적

인생의 의미는 무엇인가? 특히 청소년을 벗어난 대학생, 성인으로서 내 삶의 첫 걸음은 어디를 디뎌야 하는가? 이런 근원적 물음은 배려의 가치, 그리고 진정한 공부, 학습의 의미가 어떤 것인지 진지하게 성찰할 기회를 준다.

우리는 무엇을 위해 살며, 무엇을 위해 투쟁하고 있는가? 명예를 얻기 위해, 더 훌륭한 직업을 구하기 위해, 더욱 능률적이기 위해, 또는 더 많은 사람을 지배하기 위해? 이런 것에만 매몰된다면, 우리의 인생은 천박하고 공허해 질 것이다. 과학기술문명을 선도하는 과학자, 책에 집착하는 학자, 또는 전문지식에 몰두하는 전문가가 되기 위해 공부를 한다면, 우리는 궁극적으로 세계를 파악하고 비참하게 만드는 데 기여하게 되리라.

인생에서 보다 넓고 높은 의미를 발견할 수 있음에도 불구하고, 그런 노력을 하지 않는다면, 공부가 무슨 가치가 있겠는가? 최고의 교육을 받을지언정, 생각과 감정의 깊은 융화(融化)가 없는 한, 우리의 삶은 불완전하고 모순되며 온갖 불안으로 찢겨질 것이다. 우리의 공부가 융화된 인생관을 길러주지 않는 한, 그것은 의미가 축소됨에 분명하다.

현대 문명은 우리의 삶을 여러 부분으로 분리하였다. 따라서 우리 자신의 공부도 특별한 기술이나 전문적 직업을 획득하는 것으로 추락하였다. 개인의 융화된 지성을 일깨우는 대신, 인간을 일정한 틀 안에 적응하도록 고무하여 자신을 포괄적으로 이해하는 것을 방해한다. 그러다보니, 우리가 공부하는 환경은 우리에게 개인적 이익과 안전을 구하고 자신만을 위해 투쟁하도록 훈련시켰다. 그런 상황은 아름다운 어휘로 포장될 수도 있다. 하지만 끊임없이 축적되는 불안과 이기적인 사용을 기반으로 하는 조직 안에서 우리는 여러 가지 직업을 위해 공부해 왔을 뿐이다. 그런 공부가 우리 자신과 세계에 혼란을 주고 비참한 삶을 가져왔다. 왜냐하면 그런 공부는 자신을 분리하고 자신을 이웃으로부터 분리하는 정신적 장해를 개인에게 만들어 주었기 때문이다.

공부는 단순히 마음을 훈련하는 것이 아니다. 훈련은 능률적으로 만들 수 있어도 완성을 이루지는 못한다. 그저 훈련되어온 마음으로는 과거를 연장할 뿐, 결코 새로운 것을 발견할 수 없다. 그러므로 올바른 공부를 위해 우리는 인생의 전체 의미를 찾아야 한다. 그런데 대부분의 사람들은 인생의 포괄적인 의미를 제일로 여기지 않는다. 대신 현재 자기가 공부하는 것에 무게중심을 두고 이른 바 전문지식이라는 미명하에 한정된 지식의 일부분을 획득하는 데 여념이 없다. 이는 삶의 일차적인 가치보다는 이차적인 가치를 강조하는 작업이다. 물론 지식과 능률도 필요하다. 하지만 이 둘만을 강조할 때, 우리의 삶은 갈등과 혼란으로 떨어지기 쉽다.

다시 강조하면, 현재 우리가 하고 있는 공부는 수단적 차원의 공업화, 지식정보화, 국제화 전쟁과 직결되어 있고 능률을 발달시키는 것이 제일의 목적이 되어 있다. 우리는 이러한 냉혹한 경쟁과 상호파괴의 기계 안에 갇혀 있다. 우리가 하는 공부가 인간 사회를 전쟁으로 이끌고 우리 자신을 상호파괴로 인도한다면, 이 공부는 궁극적으로 실패작이다.

올바른 공부는 우리에게 인생의 의미를 포괄적으로 이해해 줄 수 있어야 한다. 그러기 위해서는 한곳에만 집중하는 일관된 생각이 아니라, 직접적이고 진실하게 생각할 수 있어야 한다. 끊임없이 생각만 하는 사람은 사상이 없는 사람이다. 왜냐하면, 그런 사람은 일정한 형식에 얽매이고, 관용구를 되풀이하여 외우며, 판에 박은 듯한 생각을 하기 때문이다. 우리는 존재를 추상적으로나 이론적으로 설명할 수 있다. 인생을 이해하는 것은 우리 자신을 이해하는 것이며 그것이 공부의 시작이자 목적이다.

공부는 단순히 지식을 축적하며 사실을 모아서 상호관련시키는 것이 아니다. 공부는 인생의 의미를 포괄적으로 바라보는 것이다. 공부의 기능은 융화이며 지성적 인간을 창조하는 작업이다. 지성적이지 않아도 우리는 대학 졸업장을 얻거나 기계적으로 능률적일 수 있다. 지성은 단순한 지식이 아니다. 지성은 책에서 얻을 수 없으며 재빠른 자아 방위적 반응이나 공격적 주장을 지니지도 않는다. 배우지 않는 사람이 배운 사람보다 더 지성적일 수 있다. 우리는 공부를 한다는 미명하에 시험 성적이나 학력을 지성의 기준으로 만들어 왔고 궁극적인 인간의 문제를 회피하도록 교활한 마음을 길러 왔다. 지성은 '본질(What is)'을 탐구하는 능력이며 내 자신이나 타인에게 이 능력을 깨우치는 작업이다.

우리가 단순히 어떤 특정한 공식에 매달리거나 특정한 슬로건을 반복하지 않도록, 공부는 우리에게 지속적인 가치를 발견하도록 도와주어야 한다. 또한 인간 사이에 적개심을 일으키는 국가적이며 사회적인 장해를 강조하는 대신 그 장해를 깨칠 수 있도록 우리를 고무해야 한다. 그리하여 공부의 목적은 단순한 학자나 기술자들 그리고 직업을 구하는 사람들을 만드는 대신, 불안에서 해방되어 융화된 인간을 산출하는 것이어야 한다. 그러한 인간들 사이에서만 지속

되는 평화가 존재할 수 있다.[1)]

2. 학습의 의미

학습은 공부와 관련하여 가장 많이 언급되는 말이라 해도 과언이 아니다. 동아시아 전통에서 학습이란 말은 어디에서 나왔을까? 학(學)-배움이란 용어는 여러 경전에서 엄청나게 등장한다. 『논어』만을 살펴보아도 63차례나 언급된다. 그러나 그것이 습(習)-익힘과 결합되어, 학습(學習)이라는 용어로 쓰인 사례를 찾기란 쉽지 않다. 『논어』의 첫 편이 「학이(學而)」이고 첫 구절이 유명한 "학이시습지(學而時習之)"로 규정되어 있다는 점에서, 학습의 맥락을 유추할 수는 있다.

『논어』에는 왜 학습과 관련되는 내용이 맨 처음 등장할까? 『논어』의 편집자들이 의도적으로 이런 구성을 한 것은 아닐까? 유교가 학습을 강조하는 이론과 실천의 학문임을 천명하기 위한 계산된 작업은 아니었을까? 어떤 의도와 지향을 담고 있건, 유교 최고의 경전인 『논어』, 그 첫 머리에 학(學)을 배치했다는 것은 유교가 '배움의 시스템'임을 선언한 것이다. 유교는 인간 삶의 모든 문제를 배움에서 시작하려는 의도와 지향을 품고 있다. 그것은 필연적으로 익힘과 연결되어 배움의 완결성을 담보한다.

이런 점에서 학습의 출처를 『논어』의 첫 구절에서 찾는다고 해도, 무리는 아닐 것 같다. 배움은 삶에 필요한 윤리도덕과 지식, 기능의 습득이다. 그러나 그것은 특정한 저작에 담긴 지식을 수용하는 작업은 물론, 경험직·김성직 지식이나 도덕·윤리적 기반의 체득

---

1) J. Krishnamurti(강옥구 번역), *Education and The Significance of life*(서울: 『대화출판사』, 1980), 13-17쪽. 참조.

도 포함한다. 익힘은 이런 지식과 윤리도덕의 심화 과정이자 궁극적으로는 그것을 체화하는 작업이다. 온습(溫習)과 실습(實習), 연습(練習)과 같은 행위가 이에 해당한다. 현대적 의미에서는 온전한 복습(復習), 응용(應用)이나 습득(習得)과도 유사하다.[2]

여기에서 학(學)과 습(習)의 문자를 간략하게 분석하면서, 그 원초적 의미맥락을 짚어보자.[3] 학(學)은 爻+臼+冖+子, 네 글자가 결합된 모습이다. 글자의 윗부분은 臼자 안에 爻자가 들어 있는 형상이다. 臼는 원래 양 손[又+又]이 마주보고 있는 모습인데, 두 손으로 무언가를 움켜잡고 있는 형상이다. 爻는 陰(-: --)과 陽(+: -)으로 상징되는 사물의 근원적 요소가 서로 얽혀 있는, 그물망과 같이 상호교차된 우주의 모습(☯)이다. 따라서 학(學)의 윗부분은 복잡다단하게 얽혀 있는 세계를 두 손이 움켜쥐고 있는 상황이다. 즉, 세계가 이미 나와 접촉하고 마주하며 내 손 안에 들어 있다. 혹은 내가 세계에 다가가서 대상 세계를 만나고 있다는 의미이다. 그런데 중간부분에는 冖이 자리하여 아랫부분의 子가 의식하려는 지향을 막고 있다. 冖은 '물건을 덮은 모양'을 표현한 글자이다. 천으로 물건을 덮었는데 위쪽은 편편하고 양쪽 가장자리가 아래로 내려진 모습을 본떴다. 물건을 덮는다는 것은 물건을 가리고 있는 모습을 상징한다. 가려진 물건은 보이지 않으므로 파악하기 어렵다. 천에 물건이 가려진 것처럼, 현실 속에서 인간은 무언가에 가려져 지혜롭지 못한 양상으로 존재한다. 아직 깨우치지 못한 상태로 무지몽매하다.

---

2) 燕國材, 『中國教育心理思想史』(濟南: 山東教育出版社, 2004), 7쪽.

3) 『說文解字注』, 『康熙字典』, 中文大辭典編纂委員會, 『中文大辭典』(臺北: 중국문화대학출판부, 1985), 漢語大詞典編輯委員會, 『漢語大詞典』(上海: 漢語大詞典出版社, 2001), 大漢韓辭典編纂室, 『大漢韓辭典』(서울: 교학사, 1998), 李樂毅, 『漢字正解』(서울: 비봉출판사, 1996), 이병관, 『한자형음의원류사전』(서울: 미술문화원, 1999), 신창호, 「教育과 學의 根源에 관한 탐구」, 동양고전학회, 『동양고전연구』 제24집(2006) 등 참고.

글자의 모습으로 본 학(學)의 이미지를 정돈해 보자. 윗부분은 세계와 마주하는 인간의 삶이다. 두 손은 세계를 끌어안고 있고, 인간은 어떤 행위를 위한 준비태세를 갖추고 있다. 아랫부분은 아직 깨우치지 못한 어리석은 사람이 무언가에 가려 상황을 파악하지 못하고 허둥댄다. 이 지점에서 무지몽매를 타파하려는 인간의 본성, 이른 바 인지적·정의적 발달이 연상된다. 합쳐서 보면 내 손에 잡은 세계, 이미 마주치고 있는 세계를, 아직 깨우치지 못한 상태에서, 그것을 분명히 밝혀보려는 자기 노력으로 해석가능하다. 때문에 "깨달음이나 깨우침", "본받음"으로 표현했다.[4] 이는 학(學)이 세계와 인간의 만남을 전제로 하되, 무지몽매에서 벗어나려는 자기 노력의 과정으로 이해된다. 다시 말하면, 이미 세계를 접촉하고 있는 어리석은 인간이 아직 깨우치지 못했음을 인식하고 부지런히 본받으며 애쓰는 모습이다.

습(習)은 羽+日이 결합한 글자이다. 윗부분의 羽는 새의 날개(새가 날개 짓하는 모습)를 뜻하고, 日은 날마다(매일)를 의미한다. 따라서 새가 매일 여러 번 나는 것을 배우는 일로 묘사된다. 이는 '되풀이 하여 반복하다'는 뜻으로, 어린 새가 날기 위하여 날개를 되풀이 하며 파닥거리는 동안, 시행착오를 거듭하여 잘 날 수 있는 상황과 같다. 미국의 소설가 리처드 바크(Richard Bach)의 『갈매기의 꿈(*Jonathan Livingston Seagull*)』에 나오는 주인공의 비행 체험을 연상하면 쉽게 이해할 수도 있겠다.

이러한 새의 날기 연습에 비유하여, 습(習)을 인간의 삶에 적용할 수 있다. 그것은 인간이 타고난 재주를 반복하여 익히는 동안, 그에 대한 이해가 깊어지고, 드디어 자기 것으로 체득하는 논리이다. 인간은 습(習)을 통해 자신의 잠재능력을 성장시킬 수 있다. 부단한 노력을 통해 부정적인 습관을 바꿀 수도 있고, 환경을 극복할

4) 『說文解字』: 覺悟也. 『廣雅』·『論語』: 效也.

표 1 學과 習의 특성

구분	내용 특성	방법 효과
學(배움)	세계와의 만남, 깨달음, 깨우침, 본받음	가능성, 변화, 자기 노력
習(익힘)	지속적 교류, 습관화, 체득, 능숙, 능란, 응용	현실화, 체화, 중층적 자기 노력

수도 있다. 그리하여 궁극적으로 자신의 정체성을 형성하여 쉽게 변하지 않은 상태에 이른다. 그것은 습관(習慣), 습속(習俗), 연습(練習), 복습(復習) 등 다양한 일상 용어로 녹아 있다.

'자기 노력'의 차원에서 보면, 습(習)은 학(學)과 동일한 차원이지만,[5] 의미와 방법의 측면에서 습(習)이 훨씬 심원하다. 그것은 단순한 본받음이나 깨달음의 차원을 넘어, 공자의 태도처럼 일관된 태도로 꿰뚫는 작업이다. 이른 바 체득이나 능숙, 능란과 연관된다. 그러기에 "학(學)을 그만두지 않음이 새가 자주 나는 것과 같다"[6]고 했다. 그것은 배움이 익힘으로 이어져, 학습의 온전한 체계로 굳어져야 함을 반증한다.

3. 명상과 소통의 생활태도

공부와 학습의 의미를 발견했다면, 우리는 두 가지 길을 모색할 수 있다. 하나는 모든 종류의 숙고를 통한 명상(瞑想: meditation)이고, 다른 하나는 공동생활과 공동토의, 공동침묵 가운데 모든 종류의 상호이해를 통한 인간과의 소통(疏通)이다.

명상과 교통은 야스퍼스(K. Jaspers, 1883~1969)의 『철학입문』 가

5) 『呂氏春秋』「听言」 高誘 注: 習, 學也.

6) 『論語』「學而」: 學而不已, 如鳥數飛也.

운데 '철학적 생활태도'에서 따온 것이다. 그것은 자기 배려와 타자 배려를 가능하게 하는 훌륭한 방법 중의 하나이다. 뿐만 아니라 공부와 학습의 근원을 성찰하게 만드는 철학적 사유의 모범이다.

인간에게 매일 내면을 성찰하는 순간이 없어서는 안 된다. 불가피한 그날그날의 산만한 상태에서 근원의 현존을 잃어버리지 않도록 자기 확인을 하게 된다. 이때 내면의 성찰이나 자기 확인은 무엇을 통해 가능한가?

첫째는 자기 반성이다. 나는 내가 하루 동안에 행하고 생각하고 느낀 바를 마음에 그릴 수 있다. 나는 나 자신에게 성실하지 못했는지, 내가 무엇을 회피하려 했는지, 내가 정직하지 못했는지 등의 행위에서 무엇이 잘못이었는지를 검토하게 된다. 나는 내가 시인할 경우와 자신을 뛰어 넘으려할 경우를 보게 된다. 나는 내가 나 자신을 뛰어넘어 실현하려는 나 자신을 의식적으로 감독하게 된다. 그리고 나는 하루 동안 이러한 감독을 게을리 하지 않는다. 나는 자신에 관하여 판단하게 된다. 그러나 그것은 나 개인의 태도에 관해서이지 나에게 있어 도달할 수 없는 전체자로서의 나 자신에 관해서는 아닌 것이다. 나는 내가 적응하려는 원칙을 발견하게 된다. 나는 혹시 노여움, 절망, 권태, 그리고 그 밖의 자기 상실 상태 가운데 나에게 들리려고 하는 말을, 말하자면 자신을 상기하게 하는 주문(예컨대, 절제하라, 다른 이를 생각하라, 기다리라, 하나님은 계시다 등)을 자신이 정하게 된다. 그리고 수많은 전통적 지식으로부터 배우게 된다. 이와 동시에 그것은 우리에게 자기 반성과 그것 자체가 완전하지 않다는 것과 그것이 무한히 사람을 속일 수 있다는 가능성을 경험하도록 요구하고 있다.

둘째로는 초월적 반성이다. 철학적 사상의 과정을 통해 나는 본래적 존재, 이른 바 신성(神性)을 확인하게 된다. 나는 시와 예술의 도움으로 존재의 암호를 읽게 된다. 나는 존재의 암호를 철학적 표현을 통해 이해한다. 나는 시간 안에서 초시간성 혹은 영원을 확인하려고 힘쓰며 나의 자유의 근원과 자유를 통하여 자기 자신과 접촉하기를 힘쓰며 창조와 관계하여 알게 된 지식의 근저에 육박해 가려고 한다.

셋째, 우리는 무엇이 현재 행해지지 않으면 안 되느냐에 관하여 반성하게 된다. 내가 목적적 사유에서 없어서는 안 될 의향 가운데 포괄적 의미를 잃어버리게 될 때, 공동체에서 자기 생활의 상기는 현대의 시대 과제나 그날그날의 사소한 일에 이르기까지 밝혀지게 되는 배경인 것이다.

우리가 내면을 성찰하는 가운데 나만을 위해 획득하는 것은, 만일 그것이 전부라면, 획득하지 않은 것과 마찬가지이다. 소통 가운데 실현되지 않은 것은 아직 존재하지 않은 것이고, 궁극에 가서 소통에 근거하지 않는 것은 충분한 근거를 가지고 있지 않음을 의미한다. 진리는 두 사람의 사이 세계에서 시작된다.

그러므로 배려와 학습은 항상 소통을 구할 것, 뒤를 돌아보지 말고 소통을 감행할 것, 항상 다른 옷을 입음으로서 강요해오는 나의 교만한 자기 주장을 버릴 것, 이러한 극기로부터 내가 예측할 수 없도록 재삼 나에게 허용되어지는 소망 가운데 살 것을 요구하고 있는 것이다.

때문에 나는 항상 자신을 의심할 수밖에 없으며 안심할 수도 없고, 나를 확실하게 비추고 참되게 평가하려는 내 안에 있는 그릇된 완고한 지점을 고집해서도 안 되는 것이다. 이러한 자기 확신은 참되지 못한 자기 주장이 가장 빠지기 쉬운 형식이다.[7)]

---

7) K. Jaspers(윤성범 역), 『철학입문』(서울: 을유문화사, 1983), 95-99쪽.

CHAPTER 08

배려를 위한 학습법 워크숍

1. 대학생은 왜 '학습법'을 배워야 하는가?

이제 대학생이 되어 꿈에 그리던 대학을 다니고 있습니다. 그런데 많은 친구들이 대학생활은 고등학교 4학년, 5학년 생활과 비슷하다고 합니다. 아니, 고등학교 때까지 얼마나 엄청나게 공부했습니까? 그런데 대학생이 된 지금에도 고등학교와 같이 공부한다고요? 고등학교와 대학은 분명하게 다른데, 뭔가 오해가 있는 것 같습니다. 고등학교식 공부에 관해서는 무엇이든지 물어보세요. 방법이면 방법, 요령이면 요령, 학교에서, 학원에서 눈뜨면 배우는 것이 공부법이었습니다. 공부에 관한한 신이요, 달인입니다.

정말 그런가요? 고등학교 때까지 공부는 대학 입시에 필요한 내신성적, 수능, 그리고 논술이 전부였습니다. 그러나 대학 공부는 다릅니다. 대학생은 어린 아이나 청소년 수준의 학습을 하는 사람이 아닙니다. 어른으로서 성인 학습을 해야 합니다.

성인의 학습이라? ……

여기에서는 대학생으로서, 학습법을 왜 배워야 하는지 고민하는 시간입니다. 누구나 나름대로 터득한 공부법, 학습법이 있을 것입니다. 그러나 21세기 지식기반 사회를 선도하는 리더십(leadership)을 지니기 위해서는 시대 정신을 구가할 수 있는 학습 양식을 터득해야 합니다.

우선, 세 가지를 확인하고 넘어 갑시다.
첫째, 나는 나만의 학습법을 지니고 있는가?
둘째, 학습의 진정한 의미는 무엇일까?
셋째, 나 스스로 학습하는 자세를 가다듬어 보자.

(1) 학습법을 배우는 이유

흔히 "공부에는 왕도(王道)가 없다"고 말합니다. 그래도 고등학교 때까지 지긋지긋하게 공부하는 요령과 방법을 익혔습니다. 시험 잘 보는 방법은 물론, 덜 공부하고 점수 잘 받는 요령도 전수받았습니다. 공부할 내용을 외우고, 풀고, 응용하는 것도 중요하지만, 공부 방법에 따라 점수가 달라집니다. 정말 그럴까요? 대학 공부는 다릅니다. 아니 달라야 합니다. 기존의 공부 방법을 바탕으로 하지만, 새로운 학습법을 터득해야만 성공한 대학인으로 거듭날 수 있습니다. 스스로 학습법을 왜 배우는지 체크해 봅시다.

- ☐ 학점 취득
- ☐ 과제물 작성 요령 터득
- ☐ 올바른 가치관 확립
- ☐ 창의력 향상
- ☐ 인내심 함양
- ☐ 도덕성 함양
- ☐ 지식 사회 선도
- ☐ 지도자의 자질 함양
- ☐ 인간관계 개선

(2) 공부의 의미

공부! 귀에 못이 박히게 들어온 말입니다. 공부! 무슨 뜻일까요? 깊이 생각해 본 적이 있습니까?

우리가 '공부'라는 말을 쓸 때, 일반적으로 '학문'이나 '교육', '전공' 등 지식의 문제와 연관시키는 경향이 있습니다. 청소년 시기, 특히, 초·중·고등학생일 때는 국어, 영어, 수학, 과학과 같은 교과목 지식을 학교나 학원에서 배우고 익히는 것으로 생각하기 쉽습니다. 그러다 보니, 공부는 선생님이나 교재에 의해, 즉 누군가, 혹은 무엇인가에 의해 시켜지는 것으로 생각합니다.

이런 상황에 노출되다보니, 공부는 정돈된 지식의 체계를 자신이 처한 상황에 따라 확보하는 과정이나 '지식을 습득'하고 응용하는 것이 됩니다. 그리하여 공부는 삶과 별개의 문제로 생각하게 됩니다. 엄밀히 말하면, 공부의 본 뜻은 다음과 같이 정돈할 수 있습니다.

'공부한다'는 말은 영어의 'to study'에 해당합니다. 이는 '개념직 지식의 한계를 넓힌다'는 의미의 지식 공부를 말합니다. 우리 말에서 공부(工夫)는 공부(功扶)의 뜻과 형태가 축약된 것입니다. 이때 공(功)은 'to achieve', 부(扶)는 'to support', 'to aid'의 뜻으로 '무엇 무엇을 도와 성취한다'는 의미입니다. 그러니까 지식 습득의 개념을 훨씬 넘어서 삶에 필요한 다양한 것을 성취하는 것과 연관됩니다.

이런 공부를 하는데 네 가지 방법이 있습니다. 첫째는 잘못을 미연에 방지하는 마음 상태를 의미하는 '예豫'이고, 둘째는 때에 적절하게 깨달음을 얻는 것을 말하는 '시時'이며, 셋째는 자기의 직분과 능력을 뛰어넘어 무리를 하지 않는 겸손을 뜻하는 '손孫'이며, 넷째는 항상 끊임없이 시로를 본받으면서 몸을 닦는다는 '마摩'입니다.

현대 중국어의 경우, 공부(工夫)는 '꽁후우'로 발음하는데, 이는 무술 도장과 같은 곳에서 흔히 볼 수 있는 '쿵후'라는 말과 같습니다. 이때 공부(꽁후우, 혹은 쿵후, 쿵푸)는 어떤 기술자가 자기 분야에서 놀라운 기술을 발휘할 때, 쓰는 말입니다. 예를 들면, 목수가 나무를 정교하게 깎는다거나, 서예가가 붓을 능숙 능란하게 휘두른다거나, 요리사가 식칼을 자유자재로 놀린다든가 할 때, '공부가 대단하다'고 말합니다. 이는 '어떤 사람이 무엇 무엇을 도사같이 잘 한다', '탁월하다(excellence)', '전문가의 경지이다'와 같은 장인을 의미합니다. 이른 바 '생활의 달인들!!!'

이런 점에서 인간의 모든 행위는 공부의 상황이요, 여정입니다. 직업에 종사하는 사람들이 온전한 직업인이 되는 과정입니다. 그것은 자신의 삶을 예술로 끌어올리는 차원입니다. 직업의 세계에서 공부는 '전문성의 확보'와 관련되고, 전문성의 확보는 끊임없는 '노력'의 결과요, 공부의 효과입니다. 그러므로 모든 인간이 나름대로의 분야에서 노력을 통해 자신의 입지를 굳건히 할 때, 공부의 수준을 논의할 만합니다. 흔히 말하길, "— 다운 사람, 된 사람"

그렇다면, 왜 공부를 해야 할까요?

공부는 단순하게 지식을 확보하거나 획득하는 과정을 훨씬 넘어서 존재합니다. 공부는 학교에 다니는 학생이나 취직 시험 준비를 하는 사람, 교육에 종사하는 일부에 국한되어 쓰는 말이 아닙니다. 사람이라면, 누구나 자신의 삶의 과정에서 필연적으로 실천해가는 것의 총체를 의미합니다. 이런 차원에서 공부는 본질적으로 인생을 관통하고 있습니다!

중요한 것은 무슨 공부를 어떻게 하느냐, 그리하여 삶의 아름다운 질을 보장할 수 있느냐의 문제입니다. 왜냐하면 공부는 '잘삶'의 조건을 갖추고, '잘삶'의 과정을 지속적으로 실천하는 작업이기 때문입니다.

(3) 공부하는 자세

맹자는 공부와 관련하여 다음과 같이 말하였습니다.

> 학문의 길은 다른 데 있는 것이 아니야. 해이해진 마음에 긴장의 끈을 놓치지 않은 일이지.

여러분은 어떻게 말하고 싶습니까? 스스로 정의해 보세요.

> 학습, 공부는
> ____이다.

왜 공부를 해야 할까요? 학습법은 공부의 의미와 본질을 이해할 때, 제대로 터득할 수 있습니다. 내 삶에서 공부가 무엇인지 스스로 정돈해 봅시다. 공부는 전문성의 확보이자 사람됨과 사람다움을 지향하는 작업이요, 삶의 총체적 과정을 진행하는 지성의 융화입니다. 학습법은 바로 이러한 내용을 올바르게 깨달을 때 자신에게 녹아듭니다.

2. 나는 어떤 학습자인가? – 공부하는 사람으로서 '나' 찾기

나는 어떤 사람일까요? 대부분의 사람은 자신을 가장 잘 안다고 생각합니다. 정말 그럴까요? 지금까지 초·중·고등학교를 거쳐오면서, 심지어는 대학생활을 하고 있는 지금까지도 개념없이, 부모님을 비롯하여 주변의 타인에게 길들여지지는 않았나요?

다시 한번, 진지하게 생각해 봅시다. 나는 어떤 사람일까요? 특히, 공부할 때, 나는 어떤 타입인가요? 밤새도록 공부하고 낮에 실컷 자는 사람인가요? 음악을 들으면서, 텔레비전이나 비디오 등 동영상을 보면서, 간식을 먹으면서 공부하는 스타일인가요? 도서관에서도 칸막이 있는 좌석에 앉아야만 공부가 되는가요? 공부하는 '나'의 모습을 제대로 인식하고 찾아야 만이 학습의 효과를 높일 수 있습니다.

나는 어떤 학습 습관을 지니고 있는가? 잘못된 공부 습관은 없는가? 나에게 필요한 맞춤형 학습법을 찾아서 ……

사람은 나름대로의 특성이 있습니다. 생활환경에 따라 습관도 달라집니다. 스스로 어떤 학습 특성을 지니고 있는지 점검하여 학습 효과를 높일 수 있는 방법을 생각해 봅시다.

첫째, 나는 어떤 유형의 학습자인가?

둘째, 나의 학습 테크닉을 분석하고 오류를 교정해 보자.

셋째, 나의 학습법을 성찰해 보자.

(1) 나는 어떤 학습자인가?

학습하는 인간의 유형은 다양합니다. 스스로 공부하는 사람, 누군가 시켜야만 하는 사람, 시험 때문에 할 수 없이 공부하는 사람 등등 …… 여러분 자신은 어떤 학습 유형에 속하나요? 누군가 시켰을 때, 그대로 따라 하는 사람은 '바보' 유형에 속합니다. 시켰는데도 하지 않는 사람은 '무지'해서 그렇다고 합니다. 가장 현명한 사람은 누가 시키건 시키지 않건 관계없이 자신이 추구하는 '학습'을 꾸준히 하며 자신의 인생을 살아갑니다. 나는 어떤 학습자 유형에 속하는지 스스로 점검해 봅시다.

◉ 수동적 학습자인가? 능동적 학습자인가?

• 수동적 학습자

- 공상에 잘 빠진다.
- 강의 시간에 노트 필기를 하지 않는다.
- 과제를 수행하지 않는다.
- 도움을 요청하지 않는다.
- 교재에 메모를 하지 않는다.
- 강의를 빈번히 빼 먹는다.
- 교실에서 뒷구석에 앉아 있는다.
- 학습 계획을 세우지 않는다.
- 시험치기 전날 밤에 벼락치기로 공부한다.
- 학습 도중에 같은 실수를 반복한다.

• 능동적인 학습자

- 2주 정도의 학습 계획을 세운다.
- 강의 시간에 경청한다.
- 강의 내용을 노트에 필기한다.
- 질문을 자주 한다.
- 실수를 통해 배운다.
- 평소에 공부한다.
- 정보와 지식을 수시로 조직하면서 연습한다.
- 학습을 할 때 주변의 도움을 요청한다.
- 미리 시험 공부를 해나간다.

◉ 교사주도적 학습자인가? 자기주도적 학습자인가?

• 교사주도학습
- 교사에 의존한다.
- 교과 내용을 중심으로 학습한다.
- 외적 보상과 벌에 의한 학습을 한다.
- 형식적이고 권위지향적이며 경쟁적이다.
- 전달받거나 할당된 것을 읽는다.
• 자기주도학습
- 자기주도 하에 스스로 학습한다.
- 과업 혹은 문제 중심으로 학습한다.
- 내적 자극과 호기심에 의한 학습을 한다.
- 비형식적이고 상호존중하며 협력적이다.
- 탐구 프로젝트나 독립적 연구 경험적 기술을 통해 학습한다.

(2) 자신의 학습 테크닉을 분석하자

학습 테크닉은 학습의 성패를 좌우하는 기본 기술입니다. 누구나 알고 있지만 실천하기 힘듭니다. 자신의 학습 테크닉을 다음 항목에 비추어 체크하고 부족한 부분은 고칠 수 있도록 노력합시다. 이 또한 학습을 위한 자기 노력입니다.

- ☐ 미리 계획한 계획표에 따라 규칙적으로 생활하는가?
- ☐ 반드시 해야할 공부, 과제들을 기간 내에 처리하는가?
- ☐ 교재나 참고문헌 등을 이해하는 체계적인 방법을 알고 있는가?
- ☐ 책을 읽을 때 밑줄을 긋거나 강조 표시, 혹은 적절한 메모를 하는가?
- ☐ 복습과 예습은 적절하게 하고 있는가?
- ☐ 강의 시간에 집중하며 적극적으로 참여하는가?

- ☐ 강의 시간에 자기 나름대로의 노트 필기나 요약을 하고 있는가?
- ☐ 정해진 교재나 참고 자료를 읽고 요점이나 자신의 생각을 정리하고 기록하는가?
- ☐ 평소에 시험 준비를 비롯하여 필요한 공부를 하는가?
- ☐ 시험치르는 요령과 방법을 알고 이를 실제에 적용하는가?
- ☐ 학습한 내용을 충분히 이해하고, 필요하면 암기하는가?
- ☐ 효과적으로 암기하는 방법을 터득하고 있는가?

(3) 나의 학습법은 적절한가?

자신의 학습법을 관찰하는 일은 학습 효과를 증진하는 데 매우 중요합니다. 학습법 이전에 더 중요한 문제는 '자존심'을 높여야 합니다. '정열의 노예가 된다든가', '스스로를 비판하지 말고', '자신을 솔직히 표현하며', '회피하지 않고 뚫고 나가면' 자존심은 저절로 길러집니다.

자신의 학습법을 상기하고 다시 관찰하면서, 부족한 부분은 교정할 마음 자세를 가다듬어 봅시다.

- ☐ 언제나 공부가 끝난 뒤에 즐길만한 것, 즉 보상을 스스로 마련해 둔다.
- ☐ 공부를 시작하기 전에, 공부를 해야겠다고 의식적으로 결심한다.
- ☐ 강의 시간에 배운 모든 것을 이해할 수 있으며, 이해해야 겠다고 생각하지는 않는다.
- ☐ 시험 준비를 하면서 수시로 휴식을 취고 잠깐씩 낮잠을 자두기도 한다.
- ☐ 시험이 끝나면 자전거를 타거나 산책을 하면서 분명하지 않은 점들을 되새겨본다.
- ☐ 적절한 시간을 할애하여 운동을 하면 몸이 개운해져서 네다섯 시간 이상의 공부 시간을 확보할 수 있다.
- ☐ 공부하는 내용을 벽에 대고 큰 소리로 이야기 한다.

☐ 중요한 개념들을 쪽지에 써서 관계있는 것끼리 모아 붙인다.
☐ 충분히 수분을 섭취하고 간식도 조금씩 섭취하며 필요에 따라 물을 책상 위에 둔다.

나는 어떤 학습자인가요? 스스로 공부하는 능동적학습자인가요? 남에게 끌려다니는 수동적 학습자인가요? 교수의 강의에만 의존하는 교사주도학습에 익숙한 학습자인가요? 스스로 공부를 만들어 가는 자기주도적 학습자인가요? 모든 열쇠는 여러분들이 쥐고 있습니다.

자신만이 지니고 있는 학습 테크닉을 분석하고 장점은 최대로 살리십시오. 단점은 과감하게 혁신하십시오!!! 그리고 나의 학습법을 찾으십시오!!!

3. 언제 어디에서 학습할 것인가? - 학습하는 시간과 공간

컴퓨터가 없는 세상, 스마트폰이 없는 세상! 상상해 보셨나요? 컴퓨터 인터넷, 우주 산업으로 대표되는 첨단과학기술문명의 시대! 지식은 폭증하고, 인간은 그것을 따라 잡지 못하고 허우적댑니다. 급격한 사회 변화와 사회 변혁 속에서, 우리 인간은 폭증하는 과학기술문명에 가려 엄청난 학습 결손과 교육 결핍을 느낍니다. 배워야 할 내용은 기하급수적으로 늘어나, 배울 것은 태산 같은데, 우리는 어찌해야 하나요? 오늘 배운 것이 내일은 쓸모없게 되고, 학교에서 배운 것이 사회에서 소용없는 듯이 보이는 이 시대, 어떤 돌파구가 필요할까요?

여기에서는 지식기반 정보 사회에서, 이른바 정보의 홍수 속에 허덕이는 우리는 언제 어디에서 공부해야 하는지, 학습하는 시간과 공간에 대한 인식을 하려고 합니다.

첫째, 현대 사회의 학습 시점에 대해 이해해 봅시다.

둘째, 현대 사회의 학습 공간에 대해 이해해 봅시다.

셋째, 학습의 시공간이 해체된 평생학습 사회와 직업의 연관성을 인식합시다.

앞에서도 언급했지만, 전통적으로 공부나 학습은 '학교'나 '학원'에서 하는 것으로 생각합니다. 지식이 폭증하는 사회에서는 제한된 교과교육에 치우친 학교교육은 명백한 한계를 드러냅니다. 따라서 이제 학습은 출생에서 사망에 이르기까지, 언제 어디서나 누구나 공부해야 하는 평생학습이 필수입니다.

(1) 학습의 시간 해체

산업 사회에서는 '교육과 훈련(education & training)'이 강조되었습니다. 이는 강제적 성향이 강하고 조직의 필요성을 강조합니다. 그러나 정보화 사회에서는 '자기 학습(self learning)'이 강조됩니다. 이는 자발성이 강하고 개인의 필요성을 강조합니다.

인간의 지식은 가속도로 변화합니다. "배우고 버리고 다시 배우고 다시 버린다!"라는 말이 유행할 정도입니다. 끊임없이 생겨나고 사라지는 지식의 순환 속에서 인간은 언제나 배워야 하는 존재로 자리매김 됩니다. '출생-유치원-초중등학교-대학교-직장'에 이르기까지, 한순간도 쉼 없이 배워야 하는 '학습 사회(learning society)' 속으로 들어가는 존재가 되었습니다. 과거처럼 학습은 학교나 학원에서 행하는 것이고 일반 사회나 직장에서는 일만 한다는 사고는 위험합니다. 오히려 사회에서 직장에서 훨씬 더 강도 높은 학습과 전문성이 요구되는 사회입니다.

대학생의 경우, 사회에 진출하면서, 바로 지식을 적용하고 응용하며 창의적으로 생산할 수 있는 기본적인 학습 자세를 확립해야 합니다. 배우고 늘 익히다는 의미의 "학이시습(學而時習)"의 자세가 요구됩니다. 21세기 지식기반 정보화 사회에서, 첨단우주과학기술문명을 구가하려면, 학습활동에서 정해진 시간은 없습니다. 늘 공부해야 합니다!

(2) 학습의 공간 해체

전통적으로 학습의 공간은 가정, 학교, 사회로 나누었고, 이 중에서도 학교교육이 중시되었습니다. 특히 학교는 사회생활의 준비를 위한 공간 역할을 했습니다. 이제 교육 공간은 가정이나 학교,

사회를 포함하여 내가 존재하는 모든 곳입니다. 가정-학교-사회라는 인생의 발달 단계에 따라 학습이 순차적으로 진행되는 것이 아니라 학습은 동시다발적으로 일어납니다. '더 이상 정해진 학습 공간은 없다'라는 표현이 정확할지도 모릅니다. 내가 활동하는 모든 곳이 학습의 공간입니다. 학교, 학원, 놀이터, 아르바이트 장소, 사회봉사활동, 인터넷 미디어 등 모든 상황에서 배움이 연출됩니다.

그것은 열린학습 사회의 구현으로 상징됩니다. 학습의 공간 중에서 중요도를 점점 더해가는 것이 사이버 공간입니다. 그 대표적인 것이 온라인 강좌, 인터넷 강의, 동영상 콘텐츠 등입니다. 이는 기존의 오프라인 공간의 중요성과 인터넷 사이버 공간의 혼합으로 이어집니다. 문제는 정해진 교실 공간의 적절한 활용에서 그것의 해체와 합리적 탈피가 효율적인 학습의 관건입니다.

(3) 평생학습 사회와 직업

이러한 평생학습 사회에서 무엇을 배워야 할까요? 한 마디로 단정하면 "지식(knowledge)"입니다. 이제 지식은 과거처럼 단순히 암기하거나 주입하여 획득하는 사실을 넘어서 있습니다. 지식기반 사회의 지식은 단지 아는 데서 끝나는 것이 아니라 새로운 자원으로서 고부가가치를 창출하는 아이디어입니다. 지식은 정보가 전달받은 사람에 의해 습득되고 가공되어 그 사람의 인간성의 일부가 되는 것을 말합니다. 그 내면화를 거친 지식은 사람의 마음을 형성하고, 행동으로 나타나며, 이러한 과정을 통해 새로운 지식을 창출하기도 하므로 생명력과 생산성을 지닙니다.

지식을 성공적으로 창출하고 지속적으로 활용함으로써 성장하는 경제 시대에 대학생들은 기존 지식을 바탕으로 지식을 '창출'하고 '활용'할 줄 아는 능력을 배양해야 합니다. 왜냐하면, 기술환경의 변화, 생활 수준 및 생활 양식의 변화, 국제환경의 변화에 따라 직업 전망이 달라지기 때문입니다. 특히, 첨단과학, 정보화로 인한 정보통신 부문, 고령화로 인한 실버 관련, 여가 및 문화 관련, 세계화에 다른 국제 관련, 여성 취업 증가로 인한 육아 및 교육 관련 직업의 수요가 증가하는 부분을 눈여겨 볼 필요가 있고, 관련 부분에 대한 끊임없는 자기 학습을 요구합니다.

지식기반 정보화 사회에는 지식을 장악하는 작업이 학습의 핵심입니다. 지식은 나 스스로 습득하고 가공하여 내 것이 된 것을 말합니다. 즉, 내 것이 되어 스스로 창출하여 응용하고 활용할 수 있을 때 지식이라고 할 수 있습니다. 이는 지식 사회를 살아가기 위한 기본 조건입니다. 태어나서 죽을 때까지 언제 어디서나 적절하게 지식을 활용할 수 있으려면 끊임없는 자기 학습이 요청됩니다.

4. 무엇을 학습해야 하는가? - 학습의 내용

누군가가 이런 말을 한 적이 있습니다. "세상은 넓고 할 일은 많다!" 그렇습니다. 세상은 우리를 향해 열려 있고, 할 일 또한 우리를 향해 끊임없이 손짓하고 있습니다. 세상은 상상할 수 없을 정도로 급변합니다. 특히, 과학기술문명의 변화는 내가 몸으로 느낄 사이도 없이 첨단으로 치닫고 있어요. 그러다보니, 배워야할 것이 무지하게 많습니다. 할 것은 많은 데 무엇부터 공부해야 할까요? 어디서 시작해야 하나요? 국제화 시대니까, 외국어부터 마스터해야 하나요? 내 전공이 따로 있으니까, 그것부터 완벽하게 해야 하나요? 아니, 취직이 어려우니까, 취직 대비에 전념하며, 학점 관리와 스펙을 쌓아야 하나요? 그래도 명색이 대학생인데, 교양 수준을 끌어올릴 수 있는 공부를 해야 하는 것는 아닌가요? 21세기 지식정보화 시대에 대학생은 무엇을 공부해야 할까요? 공부할 내용, 학습 내용이 뻔한데 ……

강의 시간표에 정해진 대로 공부하면 되지, 뭘 그리 고민이냐고요? 정말 그런가요? 무엇을 공부해야 하는지 곰곰이 생각해 보세요? 학습할 내용이 쉽게 떠오르는가요? 여기에서는 지식기반 정보화 사회에서 무엇을 공부해야 하는지 진지하게 성찰하는 시간입니다. 전통적으로 학습의 대상이던 사실적 · 경험적 지식 습득을 넘어, 새로운 지식 개념을 인지하고 실천하는 새로운 학습의 내용을 인식할 필요가 있습니다.

첫째, 지식의 개념에 대해 새롭게 생각해 봅시다.

둘째, 어떤 차원에서 학습의 내용을 전환하고 싶은가?

셋째, 학습 내용의 전환에 따른 실천 양식을 이해해 봅시다.

(1) 지식 사회에서 '지식'의 함의

앞에서 언급한 지식기반 정보화 사회를 참고로 다시 지식 사회의 지식이 어떤 내용을 담고 있는지, 점검해 봅시다. 무엇보다도 중요한 문제는 시대 인식과 자기 이해, 그리고 상황에 대한 적응과 삶의 선도입니다.

□ 나의 목적에 맞는 지식
□ 정보를 통합하고 개별화·주관화를 거친 것
□ 부가가치의 창출
□ 외부에서 주어지는 데이터와 정보
□ 분석 파악과 적용능력
□ 사물에 대한 인간의 실천 행위

(2) 학습 내용의 패러다임 전환

전통적으로 학습, 혹은 공부는 '지식'의 암기나 습득이었습니다. 지식을 알고 이해하고, 그것을 가지고 있기만 해도 살아가는 데 큰 불편이 없었고, 때로는 지식 습득이나 학력이 하나의 권력이었던 시대도 있었습니다. 그러나 이젠 상황이 달라졌습니다. 정말이지, 확 달라졌습니다.

세계 최고의 부자라고 하는, '빌 게이츠'는 하버드 대학 3학년 중퇴라고 합니다. 그런 그에게는 전통적인 인문·사회·자연·과학적 지식도 상당히 축적되어 있었겠지만, 시대의 흐름과 미래를 꿰뚫어 볼 줄 아는 혜안이 삶의 기초로 작용했습니다. 미래는 컴퓨터 시대, 첨단과학기술문명, 디지털 시대이다!! 그리고 그에 맞는 자기 학습을 시작했습니다.

학습혁명은 이미 시작되었습니다. 우리는 그것을 빨리 확인하고 적응하며 선도해야 합니다.

학습은 단순한 지식의 습득이 아니라, 지식의 실천이다!!!

즉, '무엇을 아느냐'의 문제를 넘어 무엇을 알 수 있는 '능력의 확보'이다.

무엇을 알아야 하고 알고 있느냐의 존재(being) 문제도 중요하지만, 나는 무엇을 해야 하고 무엇을 할 수 있느냐의 생성(becoming)과 행위(doing)의 양식이 더욱 부각되고 있다!!!

이런 측면에서 학습 내용에 대한 새로운 이해가 중요합니다. 전통적 학습은 사실적 · 경험적 지식에 대한 습득이었다면, 지식기반 사회의 학습은 '시대 정신에 맞는 적용과 응용, 실천과 행위' 양식의 확보입니다. 화석이나 박물관에 보관된 죽은 지식을 넘어 그것이 삶 속으로 녹아들어 인생을 살찌우고 사회를 건강하게 만드는 산지식으로 전환할 수 있는 능력을 학습해야 합니다. 많이 아는 것도 중요하지만, 조금 알더라도 전문적이고 실제적이며, 자기 분야를 통해 보편성을 확보할 수 있는 지적 체계가 중요합니다.

지식 사회에서는 살아있는 지식을 확보한 사람을 지식 노동자(knowledge worker)로 부릅니다. 다시 설명하면, 살아있는 지식을 확보한 사람은, 전통적인 방식으로 단순히 책에 있는 내용만을 암기하거나 이해하여 그 내용을 얼마나 아는지를 시험을 보아 '지식'의 확보 정도를 제시하는 것이 아니라, 새로운 상황에 그런 지식을 응용하고 적용하고 실천하면서 자신의 삶을 가꾸어 가고, 문화를 창출하며, 사회에 보람을 던질 수 있는 능력을 지녔습니다.

대학생으로서 주목해야 할 학습 내용이 여기에 숨어 있습니다.

그것은 시대를 선도할 수 있는 능력의 확보입니다!
그것은 절대, 단순한 지식의 대량 확보만을 의미하지 않습니다!
그것은 전문화 과정을 거친 지식의 응용과 새로운 창출입니다!

(3) 대학생의 학습과 실천 방법

"21세기 지식 사회에 무엇을 공부할 것인가?" 대학생들이 실천해야 하는 학습 내용은 의외로 복잡합니다. 이는 대학생들이 처해 있는 삶의 위상과 연관됩니다. 대학생은 개인적으로 사회적으로 어떤 처지에 존재하는가요?

첫째, 대학생은 청소년에서 성인으로 가는 징검다리 위에 서 있습니다!

둘째, 대학생은 사회적 지도성을 요구받고 있습니다!

셋째, 대학생은 지식 실천의 핵심동력입니다!

이런 측면에서 대학생이 학습해야 할 주요 영역을 다음과 같이 정돈할 수 있습니다.

◉ 교양 수준의 제고

전 학문 영역에 걸쳐 기본 교양 수준을 확보해야 합니다. 대학 강의 시간을 통해 그것을 확보할 수도 있으나, 강의는 기본 지침에 불과합니다. 모든 교양 수준은 자기 노력에 의해 확보됩니다. 그러기 위해, 1주일에 1~2권의 책은 독파하십시오! 도서관이나 서점을 밥 먹듯이 들락거리며, 또는 독서 자료를 확보할 수 있는 인터넷이나 전자책을 통해, 광범위한 지식에 몰두할 필요가 있습니다. 이럴 경우, 자기 나름의 독서카드나 도서목록을 작성하면서, 시간 계획을 세워야 할 것입니다.

◉ 전문 영역의 심화

나는 무엇을 중심으로 사고하고 삶을 살아가야 할까요? 한 인간이 세상의 모든 일을 소화하기에는 한계가 있습니다. 대학생들은 너무나 많은 일을 하고 싶어 합니다. 그것이 성년 초기의 특징입니다. 그러나 중요한 문제는, 다시 자기를 점검하는 것입니다! 빨리, 무엇을 중심으로 인생을 영위할 것인지, 차분하고 신중하게 고려하기 바랍니다!

전문 영역의 학습, 다시 말하면 '전공'은 주어지는 것이 아닙니다. 대학을 입학하면서 '무슨 학과', 혹은 '무슨 학부'에서 결정되는 것이 아닙니다. 그것은 내가 찾고 만들어가야 할 삶의 지침일 뿐입니다. 전공은 나의 적성과 의지, 욕구를 담보로 지식 사회에서 나를 지탱하는 하나의 힘이 됩니다. 이 힘은 학과의 '명칭'에 있는 것이 아니라, 내가 해야 할 '일의 속성'에서 발견됩니다.

전공을 발견했다면, 이제 그에 집중하십시오! 누구보다도 그 분야에서 뛰어날 수 있도록 자기 노력을 다해야 합니다. 이른 바 '그 분야의 최고'는 아니더라도, 그 분야에서 '인정'받을 수는 있어야 합니다.

◉ 의사소통능력의 극대화

삶은 의사소통으로 구성됩니다. 특히, 우리말, 한글 소통이 중요합니다. 아무리 국제화 시대지만, 제일 우선시해야 할 부분은 한국어 능력입니다. 일상에서 쓰는 말은 물론이고, 일기나 편지, 이메일 등 다양한 일상적 글쓰기에서 과제물이나 시험, 논문에 이르기까지 정확한 우리말 구사를 위한 노력이 중요합니다. 그것은 지식 사회에서 지식을 응용하고 창출하기 위한 기초가 됩니다.

동시에 교양 수준이나 전문 지식, 국제화 시대에 부합하는 외국어 능력을 지닐 필요가 있습니다. 다시 강조하지만, 최우선은 우리말, 한국어 능력입니다.

◉ 인간관계망의 합리적 확보

인간관계에서 중요한 능력은 자기 사랑을 바탕으로 타인에 대한 이해와 배려를 지니는 작업입니다.

대학생활을 통해, 자기 이해와 계발, 사랑하는 방법을 터득하십시오!

그리고 타자를 배려하고 포용하는 진실한 만남과 대화의 관계를 지속하십시오!

이것이 지식 사회를 선도할 수 있는 예비능력의 확보 방법입니다.

지식 사회에 무엇을 학습해야 하는가요? 그 해답은 '무엇'이 아니라, '무엇을 할 줄 아는 능력', '무엇을 할 수 있는 실력'의 문제입니다. 따라서 우리는 '능력'과 '실력' 확보를 위한 학습에 매진해야 합니다. 어떤 특정한 방법을 통해서라기보다는 끊임없는 자기 노력을 통한 학습 과정에서, 교양과 전문 지식, 의사소통과 인간관계를 위한 예비적 성찰이 요구됩니다. 대학생은 생활의 집중을 이런 노력과 '능력 향상'에 두어야 합니다. 그것의 핵심이 그냥 주어져 있는 데이터나 정보, 지식이 아니라, 부단한 사고(아이디어)를 통해 만들어 가고 획득하여 나누어 줄 수 있는 역동적인 지식체계에 있습니다.

5. 어떻게 학습할 것인가? – 학습 전략 포인트 1: 자기 이해와 확인 점검

무턱대고 공부한다고 모든 문제가 해결될까요? 학습의 키포인트는 자기 이해입니다. 내가 누구인지 고민해보지 않고, 아무 생각 없이, 이유 없이 공부한다는 것은 정말 무책임한 자기 학대입니다. 학습은 그것을 하는 이유가 있고, 목표가 있으며, 책임이 있습니다.

나는 누구인가?

정말 나는 어떤 녀석인가?

학습할 자세는 되어 있는 존재인가?

앞에서, 나는 어떤 학습자인지 간략하게 다룬 적이 있습니다. 그때는 개략적으로 '나는 어떤 유형의 학습자'인지를 돌아보는 자기 점검의 시간이었습니다. 다시 한번 심도 있게 자신은 어떤 존재인지, 학습을 제대로, 올바로 하기 위해서는 어떤 부분을 생각해야 하는지 성찰해 봅시다.

첫째, 나는 어떤 성격의 소유자인가요?

둘째, 나는 어떤 학습 유형을 선호하는가요?

셋째, 나는 나를 어떻게 평가할 수 있고, 무엇을 개선해야 하는가요?

(1) 나의 성격과 학습 스타일

학습의 방식과 실천, 효과는 그 사람의 성격이나 학습 스타일과 직결됩니다. 즉, 지적이고 정서적이며 심리적인 특성이 학습 스타일을 이끌어내고, 그에 따라 학습의 방식이나 효과도 달라집니다. 다음에 제시하는 내용에 따라 자신의 성격과 학습 스타일을 진지하게 분석해 봅시다.

◉ 나의 성격은 어떠한가?

☐ 나의 생활을 잘 정돈하고 조직한다(그렇다, 아니다).
☐ 무엇이 일어날지 미리 예측하려고 한다(그렇다, 아니다).
☐ 기간 내에 주어진 과제를 완전히 끝내려고 한다(그렇다, 아니다).
☐ 변화와 즉각적인 상황을 즐긴다(그렇다, 아니다).
☐ 수시로 움직이고 싶고 하루 종일 책상 앞에 앉아 있고 싶지는 않다(그렇다, 아니다).

생활을 잘 정돈하고 조직하거나 어떤 일이 미리 일어날지에 대해 대비하고 기간 내에 과제를 끝내려는 성격이라면, 일일 스케줄이나 시간표를 계획하고 실천하면 효과적입니다. 가능한 한 매학기 학습 계획을 세우고 활동을 기록해 보세요. 다른 사람들과 함께 활동할 때, 체계적인 학습 계획이나 과제 수행 계획을 세워 실천하면 좋은 성과를 낼 수 있습니다.

반면, 변화 상황에 따라 즉각적인 상황을 즐기거나 수시로 움직이는 활동형으로 책상에 오래 앉아 있는 유형이 아니라면, 메모 스케줄이나 캘린더를 가지고 다니면서 시간 계획을 짤 필요가 있습니다. 수시로 계획한 시간을 확인하고, 날짜를 정해가며 활동을 계획하며 과제를 마친 후에는 반드시 체크해야 합니다. 또한 과제 수행 이후에 그 결과에 대해 스스로 보상을 할 필요가 있습니다.

◉ 나는 어떤 학습스타일을 지녔는가?

☐ 다른 사람과 더불어 생각이나 느낌을 나눈다(그렇다, 아니다).
☐ 다른 사람들과 그룹을 이루어 공부하는 것이 좋다(그렇다, 아니다).
☐ 깊이 생각할 때도 있지만 직접 실천함으로써 배운다(그렇다, 아니다).
☐ 혼자서 공부하는 것이 마음 편하다(그렇다, 아니다).

다른 사람과 더불어 생각하거나 공부하고 실천을 통해 배우는 스타일이라면, 소그룹을 만들어 공부하는 것이 효과적입니다. 동아리 활동이나 그룹 스터디를 활용하십시오. 그룹을 만들어 학습할 경우, 반드시 논의할 내용을 미리 공부하고 자신의 생각을 자진하여 표현하십시오.

혼자서 공부하는 것이 공부가 잘 된다고 판단되는 스타일의 경우, 그 장점은 살리되 스터디 그룹의 일원이 되도록 노력하십시오. 학습은 다른 사람과의 지적 활동을 통해 새로운 경험을 할 수 있도록 유도합니다.

(2) 자기평가

주어진 사항에 대해 체크하며, 자기 평가를 해 봅시다. ( )안의 내용에 동그라미를 치거나, 해당 사항이 없으면 (____) 부분에 스스로 채워 보세요.

- ☐ 나는 (혼자서 공부할 때, 여럿이 함께 공부할 때, ____________) 학습 효과가 높다.
- ☐ 나는 (무엇인가를 들었을 때, 무엇인가를 읽거나 보았을 때, 능동적이고 적극적으로 참여했을 때, ____________) 잘 기억한다.
- ☐ 나는 (이름이나 날짜와 같은 사실에, 개념이나 용어와 같은 사고 활동에, 특정한 주제에 대해, ____________) 관심이 많다.
- ☐ 나는 (책이나 학습 자료를 천천히 읽을 때, 빨리 읽을 때, ____________) 공부가 더 잘 된다.
- ☐ 나는 (집중해야, 다른 일을 하면서도, ____________) 공부를 효과적으로 할 수 있다.
- ☐ 나는 이미 저질러 놓은 일들이 있어 어떤 부담이 있을 때, (학습을 잘한다, 잘 못한다, ____________)

☐ 나는 (짧은 기간 안에 빨리, 오랜 시간에 걸쳐 꾸준히, ___________) 학습한다.

☐ 나는 도서관, 강의실, 실험실과 같은 구조화된 환경에서 (잘 학습한다. 제대로 학습이 이루어지지 않는다, ___________)

⇒ 그러므로 나는
(____
____
____)
와 같은 학습 스타일을 지녔다고 판단한다.

(3) 무엇을 점검하고 개선해야만 하는가?

누차 강조했지만, 학습법을 개선하기 위해서는 자신이 어떤 사고 방식을 선호하는지 알아야 합니다. 즉, 무엇을 잘하고 어디에 소질이 있는지 파악해야 합니다. 자기 개선을 위해 가장 중요한 출발점은 어떻게 학습을 관리하고 조절하느냐의 문제입니다. 다음 표를 세밀하게 확인해 보세요.

항목	그렇다	아니다	조치사항
분명한 미래상이 있고 삶에서 무엇을 원하는지 알고 있다.			
목표를 세워본 경험이 많고, 목표를 구체적으로 기록한다.			
계획한 일은 실천에 옮긴다.			
스스로에게 동기를 부여할 수 있다.			
어떤 일을 할 때 집중을 잘 한다.			
일의 성격에 따라 끈기를 발휘한다.			
쉽게 낙담하거나 포기하지 않는다.			

공부나 다른 일을 하기 전에 어떻게 할지를 미리 생각한다.			
달성가능한 현실적인 계획을 세운다.			
우선 할 일이 무엇인지 파악하고 있다.			
시간 관리를 잘 한다.			
어떤 시간에 두뇌 회전이 잘 되는지를 안다.			
가끔 휴식 시간을 갖도록 신경 쓴다.			
가족이나 친구 등 주변 사람들과의 인간관계를 수시로 챙긴다.			
기분 전환으로 취미생활이나 운동을 한다.			
학과나 동아리 동료들과 협력하는 것을 중요하게 여긴다.			
교수나 직원, 주변의 선배들과 좋은 관계를 갖도록 노력한다.			
내가 소속된 학과나 동아리 일터를 머무르고 싶은 공간으로 꾸민다.			

◉ 나의 학습 스타일은 어떤 부분에서 강점을 지니고 있습니까?

◉ 나의 학습 스타일은 어떤 측면에서 약점이 있다고 생각됩니까?

◉ 스스로 수정해야 할 나의 학습 스타일 기록

(한 학기, 혹은 1년 후에 다시 체크하며 비교해 봅시다. 제대로 점검하고 개선 노력을 했다면 많은 발전이 있을 겁니다)

자기를 확인하는 작업은 자기에게 효과적인 학습법을 찾아가는 기본 활동입니다. 나는 어떤 성격을 지니고 있는가? 나의 학습 스타일은 어떠한가? 자기 존재 확인과 평가를 통해 가장 적합한 학습법을 적용할 때, 학습의 효과는 배가되고, 사람의 만족도도 높아집니다.

다시 한번 자신의 학습 스타일과 성격 유형을 조절해 보십시오!

6. 어떻게 학습할 것인가?
-학습 전략 포인트 2: 학습의 과정과 전략

나는 나 자신을 구체적으로 파악했기에, 이젠 학습 요령은 물론 모든 공부에서 자신감이 있을 것 같습니다. 다만, 그냥 책을 펼쳐서는, 또 읽거나 달달 외우는 수준에 그칠 것 같아 약간 망설여지기는 합니다. 학습법을 단번에 익히는 방법은 없을까요? 정말 공부를 잘 하고 싶습니다. 나 자신의 발전은 물론 사회에도 기여하고 싶습니다. 요술방망이라도 두드리고 싶습니다.

"나에게 꼭 맞는 공부법 나와라 뚝딱!"

나 자신에 대해 아무리 이해해 봤자, 학습법이 저절로 다가오지는 않습니다. 왜냐하면, 학습은 오랜 훈련과 습관, 자기 의지에 의한 노력의 산물이기 때문입니다. 그래도 학습법 나오라 뚝딱 요술방망이는 찾아봐야 겠지요?

이제 나의 성격과 학습 스타일을 대비해 가면서, 학습의 구체적인 요령을 익혀봅시다. 여기에서는 지식을 습득하는 방법과 요령을 '학습의 과정'을 통해 살펴보도록 합시다.

학습 과정에서 전략은 매우 중요합니다. 학습을 보다 효과적으로 하기 위하여 학습자 자신이 취하는 모든 방법적 사고 또는 행동은 자기 학습 관리에서 가장 중요합니다.

첫째, 학습 전략의 원리를 이해해 봅시다.

둘째, 학습의 과정을 이해해 봅시다.

셋째, 나의 학습법 중 장점은 강화하고 단점은 교정합시다.

구체적인 학습법에 들어가기 전에, 미국의 어느 학교에서 활용했다는 〈학습법 전략 학습 선서문〉을 마음으로 읊어보면서 학습 전략을 찾아 봅시다.

나는 선서한다.

① 세상에서 가장 큰 힘은 지식이라는 것을 안다.
② 지혜로워지고 싶다. 어리석어 바르게 알지 못하는 사람은 값진 것을 얻을 수 있음에도 불구하고 그것을 놓치고 산다.
③ 기본적인 학습 방법을 배워 그 분야에 전문가 수준으로 성장할 것이다.
④ 재미있는 책도 읽지만 세상에서 일어나는 다양한 상황을 자각하는 데 필요한 콘텐츠도 읽겠다.
⑤ 오늘 배웠거나 질문했던 내용을 저녁에 가족들이나 친구, 선후배들과 함께 이야기 해 보겠다.
⑥ 매일 일정 시간을 할애하여 장래를 생각하고, 그것에 대해 존경하는 사람과 더불어 의논하며, 장래를 보증할 수 있는 지식을 계속하여 학습해 갈 것이다.
⑦ 나는 나 자신과 나를 사랑하고 내가 성공하도록 도우려는 모든 이에게 이것을 선서한다.

선서인: ○○○

(1) 학습 전략의 원리

◉ 자기를 책임지는 학습 태도를 기르라!

- 자기 공부는 자신의 노력 여하에 달렸다.
- 남이 아니라 바로 '자기로 말미암은 것'으로 자기의 인생이 좌우된다.
- 공부의 부진 원인을 교수, 시험문제, 운수, 지능, 환경 등의 탓으로 돌리지 말라.
- 학습에 대한 자기 책임감이 약한 학생은 이런 태도를 취해 보라.

첫째, 자신의 이야기에 귀를 기울이자.
둘째, '나는 머리가 나빠서 안돼!'라고 생각하지 말라. '노력'이 성공의 열쇠임을 알고 인생관을 긍정적으로 바꾸어 보라.
셋째, 과제를 잘 수행했을 때, 자신을 칭찬하라.
넷째, 자기의 노력으로 성공을 맛보라.

◉ 적극적인 흥미를 개발하라!

- 흥미 없고 관심 없는 영역을 이해하고 기억하기란 쉽지 않다. 그것을 학습하는 일은 곤혹이다.
- 의욕적이고 '하면 된다'는 적극적인 사고를 소유할 때, 흥미도 유발된다.
- 흥미 개발의 네 가지 원칙

  첫째, 유쾌하고 긍정적으로 사고하라.
  둘째, 생소한 내용은 이미 알고 있는 다른 내용과 연관시켜 보자.
  셋째, 학습 내용을 구조적이고 체계적으로 조직하라.
  넷째, 학습할 영역이나 주제와 관련하여 '성공'한 경험을 기억한다.

◉ 주의집중 하라!

- 주어진 과제에 몰두하자.
- 집중력을 높이는 다섯 가지 방법

  첫째, 집중할 시간을 만들자.
  둘째, 방해요인을 없애자.
  셋째, 마음의 준비가 필요하다.
  넷째, 휴식 시간이 필수적이다.
  다섯째, 학습 장소를 바꾸어 보자.

◉ **시각화 하라!**

- 학습 자료와 콘텐츠를 마음에 떠올려 그림을 그려본다.
- 의미의 심상화

◉ **내용을 상호결합시켜라!**

- 학습할 내용을 이미 알고 있거나 익숙한 것과 관련
- 정보의 덩어리(패키지)

◉ **내용의 정교화를 위해 암송할 필요가 있는 부분은 암송하라!**

- 자신의 말로 진술
- 요점에 대한 복습

◉ **의미를 분명하게 파악하라!**

- 내용의 명확한 인지
- 아이디어의 재조직화
- 학습 원리 이해

(2) 학습의 과정

◉ **학습 전략은 호기심에서 출발한다.**

- 자신에 대해 개방하고 솔직하라: 어떤 사물에 대한 의견 가지기
- 깨어서 주의 깊게 탐색하라: 조용하면서도 멈추지 않고 주변 환경에 주의를 쏟으며 흥미로운 것 찾기
- 감각 기관을 열어라: 이성뿐만 아니라 감각과 정서로도 사물을 인식하고 경험하기

- 새로운 것에 대해 개방하라: 낯선 것, 불쾌하거나 예기치 못했던 것에 대해서도 열린 태도 갖기, 경탄할 줄 알기, 새로운 것을 끝까지 이해하려고 노력하기
- 나와 다른 것을 존중하라: 다른 사람, 다른 것을 인정하고 존중하기
- 이미 알려진 것에 대해 개방하라: 오래 전부터 알고 있던 것도 언제나 처음 보듯이 새롭게 관찰하기
- 실험 정신을 지녀라: 장난하듯이 실험 정신을 가지고 모색하면서 기존의 상황과 새로운 상황에 다가가기

◉ 학습에 접근하는 단계

- 첫째, 표면적 접근: 사실 위주의 학습 - 서로 연관되지 않은 사실의 암기, 세부 파악, 수업 중 각각의 내용을 변형시키지 않고 재현하기
- 둘째, 정교화된 접근: 경험 위주의 학습 - 수업의 내용이 자신의 경험과 연결되고 수업 이외의 실제에 적용되어 개인적이고 구체적인 것이 됨
- 셋째, 심층적 접근: 깊이 있는 이해 위주의 학습 - 학습 내용 중에서 의미 있는 것 찾기, 다양한 부분을 하나의 전체로 연결, 다른 내용과의 연관 찾기, 내용과 저자에 대해 스스로 결론을 이끌어내고 이 과정에서 지식을 장악함

◉ 학습 과정의 요소들

- 밤새 공부했는데도 생각이 떠오르지 않는다?
- 학습 전략의 기본 골격으로서 인간의 정보처리체계: 인간은 당면하는 데이터(자료), 정보, 지식을 받아들이고 의미 있는 것으로 처리

- 세 가지 저장고와 네 가지 관리 과정
  : 감각기억, 단기기억, 장기기억
  : 주의집중, 시연(rehearsal), 약호화(encoding), 인출

- 주의집중: 어떤 것에 얼마나 주의 집중하느냐! - 선택적 주의집중과 학습 의욕에 따른 주의집중에 단기기억에 전달되는 정보의 양 확보
- 시연(rehearsal): 적극적인 사고와 실제 연출을 통해 지식 정보의 양 확보
- 약호화(encoding): 잘 통합된 조직화된 기억 형성
  인출 - 작업 기억: 장기기억에 있던 지식이 다시 단기기억으로 전이, 자각하고 의식하는 상태의 작업 기억

학습의 과정과 단계에는 핵심적인 전략과 원리가 숨어 있습니다. 다시 말하면 무턱대고 공부하는 것이 아니라, 인간의 성격과 사고 특징, 기억체계 등 학습의 기본 요소들이 유기적으로 작동합니다. 이를 잘 파악하고 활용할 때, 즉 학습의 과정을 전략적으로 활용할 때, 효과는 극대화 합니다.

학습의 전략적 원리와 과정을 수시로 점검하면서, 자신의 학습 방법을 고민합시다. 필요하다면 다시 학습 전략을 익히기에 앞서 행했던 〈선서〉를 되돌아보는 것도 좋습니다.

7. 어떻게 학습할 것인가? -학습 전략 포인트 3: 사고력 향상법

흔히 사람을 '생각하는 동물'이라고 합니다. '이성적 동물'이라고도 합니다. 그런데 '아무 생각이 없어!', '개념이 없어!', '멘붕이야!'라고 한다면, 어떻게 됩니까? 사람이 아닌 것이 되지요?

대학생인 나는 정말 생각이 많습니다. 혹은 아무 생각이 없습니다. 생각, 사고(思考: thinking)가 무엇이길래, 공부를 할 때마다 우리를 따라 다니는 것일까요? 비판적 사고, 창의적 사고 등 여기서도 사고! 저기서도 사고! 이러다가 정말 사고(事故)나는 건 아닌지요?

학습에서 '사고(思考)'는 핵심 중의 핵심입니다. 아무리 많은 공부를 했다고 하더라도 생각이 없다면, 그 지식은 탄탄하게 될 수 없습니다. 더구나 매우 복잡한 시대에 사고의 힘은 다양하게 발현됩니다. 어떻게 생각하느냐에 따라 삶의 방향이 정해지고, 인생의 성패가 결정될 수 있습니다.

첫째, 학습활동의 패러다임 변화를 이해해 봅시다.

둘째, 사고의 기술을 인식합시다.

셋째, 사고력 향상을 위한 학습의 차원을 이해해 봅시다.

(1) 학습활동의 패러다임 변화

누차 강조했지만, 현대 사회의 교육은 전통적인 교육과 상당히 다른 형태로 변하고 있습니다. 어떤 측면에서는 완전히 다른 패러다임(paradigm)입니다. 정보혁명을 거론하지 않더라도, 시대는 급변하고 있고, 우리 삶의 양식도 날마다 새로워지고 있습니다. 이런 상황에서는 학습의 패턴도 다양한 모습으로 드러나고, 스스로 학습의 양식을 혁신할 필요가 있어요. 그렇다면 기존의 관행적인 학습활동과 그것에 대한 반성적 학습 패러다임의 양상을 비교하면서, 나의 학습활동 양식을 고민해 봅시다.

◉ 관행적 학습활동을 지배하는 가정들

- 교육과 학습은 지식을 가진 사람이 그것을 갖지 못한 사람에게 전수하는 일이다.
- 지식은 세상에 관한 것으로 모호하지 않으며 신비스러울 것도 없고 불안정하지도 않다.
- 지식은 여러 교과목으로 나누어서 가르친다. 교과 내용은 중복되지 않으며, 지식은 이미 알려진 것이기 때문에 더 이상 검토할 필요가 없다.
- 교수자는 학습자들이 꼭 알아야 할 내용을 가르칠 수 있어야 하며, 그럴 경우에만 교수자는 교육 과정상 권위적인 역할을 담당할 수 있다.
- 학습자들은 특정 과목의 자료와 같은 정보에 몰두함으로써 지식을 획득할 수 있다. 교육받은 정신이란 자료가 잘 축적된 정신이다.

◉ 반성적인 학습활동을 지배하는 가정들

- 교육과 학습은 교수자의 안내에 따라 탐구공동체에 참여한 결과로 얻어지는데, 이 탐구공동체가 목표로 하는 것은 좋은 판단과 이해를 획득하려는 것이다.
- 학습자들이 세상에 대한 지식을 모호하고 불안정하며 불가사의한 것으로 여길 때에는 언제나 그들 스스로 이 세상에 대해 생각하도록 자극되어야 한다.
- 탐구 주제 하나가 여러 교과와 동시에 관련을 갖기도 하는데,

그런 식의 탐구는 끊임없이 일어난다. 그러므로 각 교과와 그 내용의 관계가 항상 분명한 것은 아니다.

- 교수자는 완벽하고 권위적이기보다는 실수할 수 있는 존재이며, 언제든 자신의 실수를 용인할 준비가 되어 있다.
- 학습자들은 사려 깊고 반성적인 사람이 될 수 있으며, 나아가 합당하고 현명한 사람이 될 수 있다고 기대된다.
- 교육 과정의 목표는 정보의 획득이 아니라 탐색을 통해 각 주제들 안에서, 혹은 각 주제들 간의 관련성을 파악하는 것이다.

여기에서 우리가 눈여겨 보아야 할 것이 있습니다. 바로 '탐구'를 중심으로, '공동체', '합리성', '판단', '창의성', '자율성'과 같은 개념들입니다.

학습자는 탐구공동체 속에서 서로 존경심을 갖고 다른 사람의 의견을 경청하며, 서로 도우면서 아이디어를 만들어 갑니다. 신빙성이 없어 보이는 주장들에 대해서 이유를 대도록 도전해보기도 하고, 추론을 이끌어내도록 서로 도와주며, 다른 가정들을 찾기도 합니다.

특히 탐구공동체는 기존 교과들의 영역과 경계에 제한을 받지 않고 탐구가 진행되는 방향을 따라 갑니다. 학문의 영역이 상호소통되고 해체되는 통합의 과정이라고나 할까요. 탐구가 진행되는 곳에서 이루어지는 대화는, 논리를 따르면서도 역풍을 맞으며 가는 배처럼 지그재그로 나갑니다. 하지만 그러한 과정 속에서 대화가 진전되며, 그것은 사고 자체의 진보를 의미합니다.

(2) 사고의 기술

학습은 어떻게 사고할 줄 아느냐의 문제와 직결됩니다. 단순하게 그냥 생각하는 것이 아니라, 기술적으로 사고할 때, 학습은 더욱 알차고 효과적이며 유용하다는 말입니다. 그러면 사고하는 기술의 4가지 중요한 형태에 대해 알아봅시다.

◉ 사고기술의 중요한 4가지 형태

- 첫째, '탐구'기술

- '탐구'는 자기 수정의 실천
- 단순한 습관이나 인습의 반복이 아닌 자기 수정과 갱신
  예컨대 물건을 의자 밑으로 떨어드렸을 때, 그것을 찾으려고 더듬거리며 애쓴다는 것은 이미 대안을 찾고 가설을 세우고 검토하면서 해결 방식을 모색하는 작업
- 이는 점차 '지성(intelligent)'으로 발전함

- 둘째, '추론'기술

- 어떤 사실을 알게 되었을 때, 우리는 추론을 통해 그것과 관련된 또 다른 사실을 발견함
- 논리적 합리성, 논리적 정확함, 타당함의 발견은 추론의 생명력
  그것은 '대화' 가운데서 찾아짐

- 셋째, '정보조직'기술

- 지식을 효율적으로 적용하려면 정보를 의미 있는 묶음이나 단위로 조직
- 관계의 망, 네트워크(network) 및 개념 구성
- '문장-개념-서술-서사'의 유기적 형식

- 넷째, '번역'기술

• 하나의 언어에서 다른 하나의 언어로 이동하는 것이 아니라, 해석적 요소 포함
• 언어와 언어 사이를 넘나들며 하나의 언어 안에서 의미를 구성하고 발견함

◉ 4가지 형태의 특징들

- 탐구: 문제를 다루기 위한 방법을 발견하거나 발명해 내는 것을 목적으로 할 때 필요한 자기 수정의 훈련으로 탐구를 통해 길러지는 것은 '판단력'
- 추론: 탐구를 통해 발견한 것을 정리하고 조정하는 과정으로 이것은 발견 또는 발명된 것의 참의 유지를 목적으로 해서 발견이나 발명된 것을 조직화하고 확장해 나가는 타당한 방법을 찾는 일
- 정보조직(개념구성): 정보를 관련된 묶음으로 조직화 또는 이해하고 판단하는데 그들이 적극적으로 활용될 수 있도록 분석하고 명료화함
- 번역: 한 언어나 상징적인 도식 또는 감성 형식으로부터 다른 언어나 상징적인 도식 또는 감각형식으로 의미를 옮김으로 해석(interpretation)의 유의미성

(3) 사고력 향상을 위한 교육

강의실에서, 동아리실에서, 혹은 그룹스터디를 할 때, 우리는 '사고력'과 관련된 얘기를 할 때, 주로 '비판적 사고'에 주의를 기울입니다. 그러나 21세기 지식 사회, 학습 사회에서 요구되는 사고는

그것을 훨씬 넘어서 있습니다. 이른바 '다차원적 사고'가 우리 학습의 현장에 스며들어야 학습의 효과가 배가될 수 있습니다. 다차원적 사고의 전제 조건은 '비판적 사고', '창의적 사고', '배려적 사고입니다.

◉ 비판적 사고

- 비판적 사고는 '기준'에 의존한다.
- 비판적 사고는 자기 수정이다.
- 비판적 사고는 맥락에 대한 민감성을 보여준다.

〈자기 수정과 관련된 행동들〉 점검하기

☐ 다른 사람의 생각에서 잘못된 점을 찾아냈는가?(○, ×)
☐ 자기 생각의 잘못된 점을 인정했는가?(○, ×)
☐ 교재의 모호한 표현이나 잘못된 가정, 부당한 추론들을 명확하게 했는가?(○, ×)
☐ 이유와 기준이 없을 그것들을 요구했는가?(○, ×)
☐ 당연시되고 있는 것의 문제점을 생각해 보았는가?(○, ×)
☐ 토론에서 비일관성을 찾아냈는가?(○, ×)
☐ 탐구 절차가 제대로 적용되었는지 물었는가?(○, ×)

◉ 창의적 사고

- 독창성: 분명한 선례가 없는 사고
- 생산성: 문제되는 상황에 적용되어 대체로 성공적인 결과를 가져오는 사고
- 상상: 가능한 세계를 마음에 그리고 상세화하며, 그런 세상에 닿을 수 있도록 여행함
- 독자성: 스스로 생각하는 사람
- 실험: 법칙지배적인 사고라기보다는 가설지배적인 사고
- 총체성: 전체-부분의 관계, 목적-수단의 관계망

- 표현: 생각하는 대상의 표현뿐만 아니라 생각하는 사람의 표현
- 자기 초월: 이전의 수준을 초월하려는 열망
- 놀라움: 독창성이 기발하기보다는 참신할 때
- 산출: 스스로 생각하는 기쁨과 만족, 그리고 다른 사람들의 창의성 자극
- 산파술: 최고의 것을 세상에 탄생시키겠다는 태도
- 발명: 아이디어, 문제와 그에 대한 해결책의 제시, 성공적이지 않더라도 발명적일 수 있다!

〈창의적 사고〉와 관련한 자기 점검

☐ 나는 어떤 측면에서 상상적인가?
( )
☐ 나는 총체적 사고를 하고 있는가?
( )
☐ 나의 사고는 어느 정도 발명적인가?
( )
☐ 나는 산출적 사고에 몰두하는가?
( )

◉ 배려적 사고

- 가치부여적 사고: 중요하다고 생각하는 것에 관심 기울이기
- 정서적 사고: 이성과 감정의 통일
- 행동적 사고: 관리하고 돌보고 지키려는 실천 행위
- 규범적 사고: 사실과 당위를 연결해 도덕적이고 바람직함에 대한 반성
- 감정이입적 사고: 자신을 다른 사람의 입장에 놓고 내가 그들인 것처럼 감정과 경험에 빠져보는 일

〈배려적 사고〉와 관련한 자기점검

□ 가치부여적 측면에서 나는 어떤 배려를 하고 있는가?
( )
□ 나는 정말 행동적인가?
( )
□ 규범적 측면에서 나의 강점과 약점은 무엇인가?
( )
□ 나는 어느 정도 정서적인가?
( )
□ 감정이입은 하고 있는가?
( )

사고력 향상은 학습을 좌우할 수 있는 핵심요소입니다. 어떤 학습도, 인간의 사고력 향상과 그것의 응용, 실천을 넘어서지 않습니다. 21세기 지식 사회를 아이디어의 시대라고 말하는 것도 이와 같은 맥락입니다. 사고력 가운데서도, 비판적이고 창의적이며 배려적인 사고를 통합할 수 있는 다차원적 사고의 중요성을 깊이 고민하면서 자신의 능력을 함양할 수 있어야 진정한 학습에 들어갔다고 볼 수 있습니다.

8. 어떻게 학습할 것인가?
-학습 전략 포인트 4: 효과적인 독서법

현대 사회의 특징 중 하나는 영상 문화 입니다. 곳곳마다 동영상문명이 우리를 사로잡고 우리는 거기에 쉽게 빠져 듭니다. 그런 문화를 통해 우리는 개성 있게 좀 튀기도 합니다. 지나가는 사람들을 잘 보세요. 저마다의 컬러로 자신을 드러냅니다. 왜냐고요? 아무 이유 없어요!!! 그냥 남과 다르고 싶어 합니다.

이성의 시대에는 영상보다는 문자문명이 더 발달한 시대였어요. 동영상보다 책을 많이 읽던 시대란 말입니다. 우리가 살고 있는 영상 시대는 책보다는 컴퓨터나 영화, 비디오, TV, 스마트폰 등 멀티미디어를 더 잘 활용합니다. 이런 사실은 우리들의 공부 습관에 큰 영향을 미칩니다.

영상 시대에 책읽기에 몰두한다는 것은 곤혹 중의 곤혹입니다. 어쩌면 잔인한 일이기도 합니다. 그런데 책 속에 진리가 담겨 있는 경우도 있으니 어쩌지요? 더구나 대학의 학문은 대부분 문자로 표출되는데 말입니다. 아! 책표지만 보아도 괴로움이 밀려옵니다. 잠이 마구마구 다가옵니다. 어쩌지요? 어쩌지요?

학습의 대부분은 책읽기와 그것에 대한 연구를 통해 이루어집니다. 그러기에 책을 다루는 능력은 학습의 능력과 통합니다. 고전과 같은 양서(良書)에는 다양한 경험과 사실, 진리가 담겨 있습니다. 무수한 우주가 그 속에서 꿈틀거리며 우리에게 손짓하고 있습니다. 때문에 아직도 많은 사람들이 책 속에서 자신의 길을 발견하려고 노력합니다.

첫째, 독서의 의미를 이해해 봅시다.

둘째, 독서의 방법과 기술을 습득해 봅시다.

셋째, 책 이외의 다양한 세계 읽기의 방식을 이해합시다.

(1) 독서의 의미

우리 스스로 한번 돌아봅시다. '나는 어떤 책을 얼마나 읽었는가?' 여유가 있다면, 다음에 제시하는 간략한 〈독서카드〉를 참고하여 자신이 읽은 책의 제목이나 내용을 상기하며 메모해 봅시다.

사실 대학 공부의 핵심은 '얼마나 많은 책을 접하고 생각하며 탐구했는가?'에 달려 있습니다. 학술 이론은 물론 실험 실습, 실기의 경우에도 참고문헌이나 자료를 확인하는 과정에서 책읽기는 아주 중요합니다.

독서카드(예시)
도서명:(저자, 도서명, 출판사, 출판연도) 등 병기
독서일자:
읽은 이유:
주요 내용:
느낌(비평):

독서카드는 특별히 정해진 양식은 없습니다. 자신만의 양식으로 만들어 사용하면 효과적입니다. 조그만 메모 노트나 수첩을 하나 마련하여 당장 실천해 봅시다.

◉ 독서활동의 의미 맥락

- 책은 제각기 하나의 우주, 세계를 담고 있다.
- 책은 세계를 통해 사실과 경험, 사고의 양식을 제공한다.
- 사실과 경험은 지식의 총체이고, 사고는 지식을 확장시킨다.
- 우리는 다양한 세계에 대한 지식을 통해 자신을 확인할 수

있다.
- 자신을 확인하는 작업은 자기 성숙의 기초이다.
- 자기 성숙은 학습의 기본 목표이다.

◉ 독서활동과 학습의 과정

책 = 우주 세계
⇒ 사실적 · 경험적 지식
⇒ 사고활동
⇒ 자기 확인
⇒ 성숙

(2) 독서의 방법과 기술

대부분 독서의 중요성을 잘 알고 있지만, 어떻게 책을 읽을 것인지에 대한 고민들은 부족합니다. 책을 읽는 데도 요령이 있고 효과를 증대시킬 수 있는 방법이 있습니다. 특히 수준 높은 교양과 전공 영역을 다루는 대학생들은 초 · 중등 학생들처럼 책을 읽어서는 곤란합니다. 논리적이고 비판적인 읽기를 통해 자기 성숙을 지향해 보세요.

◉ 책 읽기의 기초

첫째, 점검하며 읽자.
- 책 제목과 서문을 보라.
- 책의 전체적인 구조를 파악하기 위해 목차를 살펴보라.
- 맨 뒤편에 색인이 있다면 색인을 살펴보라.
- 책표지에 씌어 있는 안내 문구를 읽어라.
- 책에서 중요하다고 생각되는 한두 개의 장을 보라.

둘째, 책에 대해 간략하게 요약·정리하며 메모하라.
- 그 책은 무엇에 대한 내용을 다루고 있는가?
- 어떤 부분이 자세하게 언급되고 있는가?
- 책의 내용이 전반적으로 혹은 부분적으로 진실한 것인가?
- 책이 나에게 주는 의의는 무엇인가?

셋째, 나의 것으로 소화하라.
- 중요한 곳에 밑줄을 긋자.
- 밑줄을 긋기에 너무 길다고 생각되면 가장자리 여백에 세로 줄을 긋자.
- 중요한 내용은 ※☆♡ 등 강조 표시를 하자.
- 논의의 전개 순서에 따라 ①②③④로 번호를 적자.
- 논의되는 부분과 관련되는 부분의 쪽 수를 여백에 적자.
- 핵심어나 핵심구에 동그라미나 밑줄 등으로 표시를 하자.
- 쪽의 빈 여백에 나름대로 느낌이나 비평 써 넣기를 하자.

◉ 반드시 분석적으로 책을 읽어라.

1단계: 무엇에 관한 책인지를 밝혀라.
- 첫째, 책의 종류와 주제에 따라 책을 분류하라.
- 둘째, 가장 간결하게, 서너 줄 정도로 책 전체가 무엇을 말하려는 지 요약하라.
- 셋째, 책 내용의 진행 순서와 내용 중의 각 부분들이 어떤 관계를 이루고 있는지 주요한 부분과 그것을 보충하는 부분을 구체적으로 분석하라.
- 넷째, 저자는 무엇을 해결하려고 고민하는지, 나의 눈으로 문제를 규정해 보자.

2단계: 책의 내용을 해석하라.
- 첫째, 저자가 사용하는 기본 용어나 개념을 해석하고 이해하라.

- 둘째, 주요한 문장들을 찾아내고 요지를 밝혀라.
- 셋째, 일련의 문장 속에서 저자의 논증을 발견하고 그 문장들로부터 논증을 구성해 보라.
- 넷째, 저자가 해결한 문제와 해결하지 못한 문제를 판별하라.

3단계: 책에 대해 비평하라.

- 첫째, 분석과 해석을 마치기 전에는 비평하지 말라.
- 둘째, 저자의 지식이 부족한 곳을 제시해 보라.
- 셋째, 저자의 지식에 오류가 있는 곳을 지적해 보라.
- 넷째, 비논리적인 곳을 제시해 보라.
- 다섯째, 저자의 분석이나 설명이 부족한 곳을 지적해 보라.

◉ 종합적이고 통합적으로 책을 읽어라.

1단계에서 3단계의 독서활동이 이루어졌다면, 자신의 관점으로 책에 대한 비전을 제시할 수 있고, 그에 따라 자기 성숙의 길을 제시할 수 있다.

분석 이후에는 종합이다. 책의 내용을 자신의 세계와 연관짓고, 사회와 접목하여 적용하고 응용할 수 있는 시각 창출이 필요하다.

(3) 다양한 세계 읽기

현대 사회는 인터넷을 비롯한 멀티미디어가 우리의 생활을 지배하고 있습니다. 앞에서 언급한 책읽기보다 훨씬 강도 높게 현실에 밀착되어 있습니다. 컴퓨터나 스마트폰을 활용한 인터넷의 세계에는 무수한 자료와 정보가 담겨 있습니다. 그것은 문자나 그림, 사진, 동영상 등 다양한 형식으로 제시됩니다. 이외에도 비디오, 영화, 여행, 연수, 체험, 봉사활동, 아르바이트 등 여러 경로를 통해 세계와 마주합니다. 이런 세계를 어떻게 읽을 수 있겠습니까? 세계에 대한 체험은 학습의 주요 원천이기 때문에 학습활동에 적극적으로 활용해야 합니다. 활용하기에 따라 하나도 버릴 것이 없습니다.

◉ 인터넷에서 자유로워 보자.

첫째, 인터넷은 자료와 정보의 보고로 적극적으로 활용해야 한다.

둘째, 그렇다고 인터넷에 빠져서는 곤란하다. 인터넷은 내가 소화하여 내 것으로 만든 지식의 덩어리가 아니다. 그것을 가능하게 하는 하나의 도구에 불과하다.

셋째, 인터넷의 바다는 늪과 같다. 잘못 빠지면 헤어나기 힘들다. 적절하게 사용 시간을 조절하라.

넷째, 메일이나 채팅 등으로 타인과 교신했을 경우, 어떤 내용으로 나의 삶을 풍부하게 했는지 성찰하라. 필요 없는 부분은 과감하게 버리거나 회피하라.

다섯째, 인터넷에서 건진 자료와 정보는 반드시 내 것으로 가공하라. 인터넷은 누구나 공유하므로 그곳의 자료와 정보는 가치가 떨어진다. 내 것으로 가공할 때 새로운 가치를 발휘한다.

여섯째, 내 것으로 가공할 때, 책에서 읽은 내용과 다른 자료를 활용하여 사고하고 학습하라. 이때 새로운 지식, 창의적인 지식이 도출된다.

효과적인 인터넷 활용을 위해 나름대로의 〈인터넷 일지〉를 작성해 보자. 가능한 한 독서카드, 수첩과 함께 사용하면 좋다.

인터넷 일지(예시)
사용일시:
사이트:
다른 내용:
느낌(비평):

◉ 다양한 체험의 세계

첫째, 자신만의 체험수기를 작성하라. 체험은 가장 소중한 학습의 자본이다. 그것에서 자신의 장점과 단점, 다른 사람과의 관계, 일의 성격 등 다양한 성찰을 할 수 있다.

- 체험한 사실을 일기에 반영할 수 있다.
- 체험일지를 따로 마련하여 기록해도 좋다.
- 체험일지를 통해 자신의 학습 스타일을 분석하라.
- 체험의 성공과 실패 여부를 통해 자신에게 맞는 일을 성찰하라.

성공한 사람들의 습관 중의 하나가 메모하는 일이라고 합니다. 메모지나 수첩에 일상적인 내용 기록도 좋지만, 학습과 연관되는 의미 있는 내용을 채우게 되면, 개인의 역사가 되기도 하고, 학습의 성숙도를 확인할 수 있는 자료가 되기도 합니다. 대학생활 4년 동안 꾸준히 기록한다면 자기만의 학습 노트, 연구 노트가 될 것입니다.

독서활동은 대학생들의 학습활동에서 중추적인 역할을 합니다. 학생들은 독서를 일상의 모습으로 인식해야 합니다. 읽고 쓰고, 생각하고 비평하며 자신의 관점을 풍부하게 해 나갈 필요가 있습니다. 이때 독서하는 방법이나 습관을 구체적으로 모색하는 일은 대단히 중요합니다. 무턱대고 책을 읽기보다는 분석적이고 논리적으로 비판하며 종합적인 사고력을 길러갈 수 있는 독서 테크닉을 익혀야 합니다. 아울러 책 이외의 다양한 멀티미디어 자료나 자기 체험을 주요한 학습의 바탕으로 인식하고, 그것을 책과 연관하여 고민할 필요도 있습니다. 왜냐하면 자신의 모든 활동은 학습의 원천이며, 지식 창출의 근원이기 때문입니다.

9. 학습의 양식 전환 - 내 인생의 성찰과 동기부여

나는 누구일까요? 나는 어디에 있으며 나의 모습은 다른 사람들에게 어떻게 비추어질까요? 너무나 경쟁적이고 바쁜 현대 사회에서 우리는 나를 잃어버리는(?) 경우가 많습니다. 무엇을 해야 할지, 어디에 머물러야 할지 모른 채, 시간은 자꾸 흘러갑니다. 이런 얘기 하니까? 좀 숙연해지지요? 매일 숙연한 상태로 엄격하게만 자기 관리를 한다면 목사나 신부, 수녀, 혹은 스님과 같은 종교인이 되어야 할 것입니다.

그러나 우리는 배우는 사람입니다. 이른바 '학생(學生)'입니다. 그러니까 매일은 아니더라도 가끔씩, 어떤 계기에 따라 자기 성찰을 통해 스스로에게 삶의 동기부여를 할 필요가 있어요. 그때 인생은 질적 승화를 하게 됩니다.

자, 이제, 다시 시작이다!!!

이번 워크숍은 학습법의 마지막 장입니다. 학습법의 마지막 시간에 왜 자기 성찰을 하느냐고요? 그래야만 삶과 연관된 학습 동기가 부여되고 학습에 대한 성찰을 한층 업그레이드 할 수 있습니다. 아무리 많은 지식을 습득하고 좋은 학점을 받았다고 할지라도, 그것이 나의 삶을 살찌우거나 보탬이 되지 않는다면, 무슨 의미가 있겠습니까? 학습도 삶의 한 부분인데, 나의 대학생활이 인생으로 연결될 때 가치가 더욱 빛날 것입니다.

첫째, 고정관념을 깨고 사고의 전환에 대해 이해하고 실천해 봅시다.

둘째, 내 삶의 성취 이력서와 미래 이력서를 작성해 봅시다.

셋째, 누군가에게 남기는 유서 작성을 통해 자신의 삶을 재고해 봅시다.

(1) 고정관념 깨기와 사고의 전환

우리는 일상에 매몰되어 있는 경우가 많습니다. 데카르트는 현재 생각하고 있는 나 자신 이외에 모든 것을 회의(懷疑)해 보았다고 했습니다. 이렇게 불확실한 시대에, 우리도 일상에서 벌어지는 모든 것을 의심해볼 필요가 있습니다. 이것이 옳은지, 저것이 그른지, 내가 잘했는지 잘못했는지, 해야 할지 말아야 할지, 참 시비 판단을 하기 어려운 것이 많습니다. 대부분의 경우, 기존에 관행처럼 여겨오던 것들에 대해 그저 그렇거니 하고 넘깁니다. 그렇게 되면 그냥 일상인으로 살아가게 됩니다. 그냥 쉽게 쉽게 살아가면 되었지, 고등교육의 요람인 대학에까지 와서 왜 배워야 할까요?

※ 다음에 제시하는 내용을 보면서 어떤 생각이 드는지, 적어 보세요.

1. 무엇으로 보이는가? 나무냐? 사과냐?

( )

2. 무엇을 어떻게 선택할 것인가?

구분	정상적으로 볼 때	거꾸로 볼 때	비고
결 과	살 자	자 살	삶과 죽음의 문제
과 정	경 력	역 경	고난의 과정과 경험의 축적 문제

( )

3. 현재 나의 얼굴을 글이나 그림으로 묘사해 보세요.

* 나는 년 월 일 시 분에 어떤 삶을 살고 있는가?

(2) 삶의 이력서 작성

이력서(履歷書)를 작성해 본 적이 있습니까? 흔히 직장에 취직을 하거나 아르바이트를 하려고 할 때, 자기소개서와 이력서를 제출하라고 합니다. 내 삶의 이력서! 지금까지 나는 무엇을 하고 살았나? 이는 나를 거울에 비추어 보는 것과 같습니다. 나를 거울에 공개하였을 때, 비추어지는 모습, 그것이 초라하다면 풍성하게 만들면 되고, 만족스럽다면 좀 더 채워서 자긍심을 지닐 수 있게 하면 될 것입니다. 자신의 이력서를 써 보면서 학습 계획을 다지고, 대학생으로서의 삶을 점검해 봅시다.

◉ **내 삶의 이력서**

구분	현재 성취 이력서	미래 이력서
0-9세		
10대		
20대		
30대		
40대		
50대		
60대		
70대		
80대		

나의 현재 명함과 브랜드 파워

명함	브랜드 파워
이름, 연락처, 직장, 직위 등	나의 장점, 특기, 지도자적 비전 설정
현재 명함 예시 ○○대학교 ○○학부 ○학년 학년대표 ○○ 동아리 회원 홍 길 동 전 화 : 123-4567 C. P : 000-1234-5678 e-mail : korea@korea.ac.kr ○○도 ○○시 ○○동 ○○번지 ○○대학교 현재 명함 작성 미래 명함 작성	1. 2. 3. 4. 5.

(3) 유서 작성과 새로운 인생

유서(遺書) 작성을 한다고 하니까? 모두 죽기를 삭정힌 것 같은 느낌이 드나요? 절대 아니니 걱정 마세요. 학습을 보다 잘해보기 위한 하나의 방편입니다. 유서는 말 그대로 남기는 글입니다. 흔히 죽음을 앞두고 누구에겐가 꼭 하고 싶은 말을 남기는 것을 유서라고 합니다. 이런 상황에서는 진심이 반영되는 경우가 많습니다.

여기서는 죽음을 앞둔 상황이 아니라, 대학을 졸업한다(또는 한 학기, 한학년을 마친다)고 가정하고, 자신에게 남기는 말을 적어 봅시다. 우리가 6개월 이내에 졸업을 한다고 생각해 봅시다. 〈학습〉이나 〈배려〉와 관련하여 어떤 말을 남기고 싶습니까? 그리고 졸업 후에는 어떤 공부를 통해 〈배려〉하는 삶을 영위하고 싶습니까?

(졸업 6개월 이내를 남겨둔) 나에게 남기는 말	(졸업 후, 학습과 배려의 삶에 대해) 나에게 전하는 말

보 론

보론 1. 배려와 연관한 〈고사성어〉

◉ 관포지교(管鮑之交)

'관중(管仲)과 포숙아(鮑淑牙) 사이와 같은 사귐'이란 뜻으로, 시세(時勢)를 떠나 친구를 위하는 두터운 우정을 일컫는 말.

춘추 시대 초엽, 제(濟)나라에 관중과 포숙아라는 두 관리가 있었다. 이들은 죽마고우(竹馬故友)로 둘도 없는 친구 사이였다. 관중은 공자(公子) 규(糾)의 측근(보좌관)이었고, 포숙아는 규의 이복동생인 소백(小白)의 측근으로 있었다. 공자의 아버지 양공(襄公)이 사촌동생 공손무지에게 시해되자, 관중과 포숙아는 각각 공자와 함께 이웃 노나라와 거나라로 망명했다.

이듬해 공손무지가 살해되자, 두 공자는 임금 자리를 다투어 귀국을 서둘렀고 관중과 포숙아는 본의 아니게 정치적으로 적대관계에 서게 되었다. 관중은 한때 소백을 암살하려 했으나 그가 먼저 귀국하여 환공(桓公)이라 일컫고, 노나라에 공자 규의 처형과 아울러 관중의 압송을 요구했다. 환공이 압송된 관중을 죽이려 하자 포숙아는 이렇게 진언했다.

"전하, 제나라 하나만 다스리는 것으로 만족하신다면 신(臣)으로도 충분할 것이옵니다. 그러나 천하의 패자(覇者)가 되시려면 관중을 기용하십시오."

도량이 넓고 식견이 높은 환공은 신뢰하는 포숙아의 진언을 받아들여 관중을 대부(大夫)로 중용하고 정사를 맡겼다. 이윽고 재상이 된 관중은 과연 대정치가다운 수완을 유감없이 발휘했다. '창고가 가득차야 예절을 안다', '의식이 풍족해야 영욕을 안다'고 한 관중의 유명한 정치철학이 말해 주듯, 그는 국민 경제의 안정에 입각한 덕본주의(德本主義)의 선정을 베풀어, 마침내 환공이 춘추(春秋)의 첫 패자로 군림케 하였다.

이 같은 정치적인 성공은 환공의 관용과 관중의 재능이 한데 어우러진 결과이긴 하지만, 그 출발점은 역시 관중에 대한 포숙아의 변함없는 우정에 있었다. 그래서 관중은 훗날 포숙아에 대한 감사한 마음을 이렇게 술회하고 있다.

"나는 젊어서 포숙아와 장사를 할 때 늘 이익금을 내가 더 많이 차지했다. 그러나 그는 나를 욕심쟁이라고 말하지 않았다. 내가 가난하다는 걸 알고 있었기 때문이다. 또 그를 위해 한 사업이 실패하여 그를 궁지에 빠뜨린 일이 있었다. 그러나 나를 용렬하다고 여기지 않았다. 일에는 성패(成敗)가 있다는 걸 알고 있었기 때문이다. 나는 또 벼슬길에 나갔다가는 물러나곤 했었지만 나를 무능하다고 말하지 않았다. 내게 운이 따르고 있지 않다는 걸 알고 있었기 때문이다. 어디 그뿐인가. 나는 싸움터에서도 도망친 적이 한두 번이 아니었다. 그러나 포숙아는 나를 겁쟁이라고 말하지 않았다. 내게 노모가 계시다는 걸 알고 있었기 때문이다. 아무튼 '나를 낳아 준 분'은 부모이지만 나를 알아준 사람은 포숙아다."(출전: 史記)

◉ 내조지공(內助之功)

주안에서 돕는 공. 아내가 가정에서 남편이 바깥 일을 잘 할 수 있도록 도와주는 것.

삼국지의 스타, 조조(曹操)가 위(魏)나라 무제(武帝)가 되자 후계 문제로 한동안 고민했다. 맏아들인 조비(曹丕)로 할 것인가, 아니면 그 아우인 똑똑하고 문장이 뛰어난 조식(曹植)으로 할 것인가, 그것이 문제였다.

결국, 조비가 황태자로 정해졌다. 이는 나중에 황후가 된 곽(郭)씨의 도움이 컸다. 조식이 형인 조비보다 똑똑한데다 조조가 조식을 편애했기 때문에 곽씨가 여러 가지 방책을 썼다는 것이다.

조조가 부세로 등극했을 때 동궁으로 들어온 곽씨는 군(君)의 장관(長官)인 곽영(郭永)의 딸이었다. 곽씨는 남달리 영특해서 괵영이 "내 딸은 여자 중의 왕이다"고 말해 일찍부터 여왕으로 불렸다고 한다.

문제(文帝)가 조비가 견후(甄后)를 폐하고 곽씨를 황후로 삼으려고 하자 중랑(中郎)인 잔잠(棧潛)이 상소를 올려 말렸다.

"옛날의 제왕이 세상을 잘 다스린 것은 재상과 같이 정사를 공식적으로 보좌한 사람이 있었기 때문입니다. 그 뿐만 아니라, 안에서는 아내의 도움(內助之功)이 있었기 때문입니다."

잔잠은 이어 곽씨를 황후로 세우는 것은 아랫사람이 윗사람을 누르는 것이어서 질서를 어지럽히게 되어 나라가 어려워지는 원인이 될 섯이리고 간했지만 문제는 듣지 않았다.

황후가 된 곽씨는 뒤에 명제(明帝)가 된 조예(曹叡)를 낳은 견후를 모함하여 죽였다.(출전: 三國志)

◉ 동병상련(同病相憐)

'같은 병을 앓는 사람끼리 서로 가엽게 여긴다는 뜻'으로, 어려운 처지에 있는 사람끼리 서로 딱하게 여겨 동정하고 돕는다는 말.

전국 시대에 오(吳)나라의 공자 광(光)은 사촌동생인 오왕 요(僚)를 시해한 뒤, 오왕 합려(闔閭)라 일컫고, 자객을 천거하는 등 반란에 적극 협조한 오자서(伍子胥)를 중용했다.

오자서는 7년 전 초나라의 태자소부(太子少傅) 비무기(費無忌)의 모함으로 태자태부(太子太傅)로 있던 아버지와 관리였던 맏형이 처형당하자 복수의 화신이 되어 오나라로 피신해 온 망명객이었다. 그가 반란에 적극 협조한 것도 유능한 광(합려)이 왕위에 오름으로써 부형(父兄)의 원수를 갚을 수 있는 초나라 공략의 길이 열릴 것으로 믿었기 때문이다.

그 해 또 비무기의 모함으로 아버지를 잃은 백비가 오나라로 피신해 오자 오자서는 그를 오왕 합려에게 천거하여 대부(大夫) 벼슬에 오르게 했다. 이 사실이 알려지자 오자서는 대부 피리(被離)에게 힐난을 받았다.

"백비의 눈길은 매와 같고 걸음걸이는 호랑이와 같으니, 이는 필시 살인할 나쁜 인상이오. 그런데 귀공은 무슨 까닭으로 그런 인물을 천거하였소?"

피리의 말이 끝나자 오자서는 이렇게 대답했다.

"뭐 별다른 까닭은 없소이다. 하상가(河上歌)에도 '동병상련(同病相憐)', '동우상구(同憂相救)'란 말이 있듯이, 나와 같은 처지에 있는 백비를 돕는 것은 '인지상정(人之常情)'이지요."

그로부터 9년 후 합려가 초나라를 공략, 대승함으로써 오자서와 백비는 마침내 부형의 원수를 갚을 수 있었다. 그러나 그 후 오자서는 불행히도 피리의 예언대로 월(越)나라에 매수된 백비의 모함에 빠져 분사(憤死)하고 말았다.(출전: 吳越春秋)

◉ 빙탄불상용(氷炭不相容)

서로 용납할 수 없는 얼음과 숯. 두 사물이 서로 화합할 수 없음.

한 무제(韓武帝) 때의 명신 삼천갑자(名臣 三千甲子) 동방삭(東方朔)은 재치와 해학, 변설에 뛰어나 입을 열면 막히는 법이 없고, 청산유수 같은 달변은 뭇 사람들의 넋을 빼놓기에 족했다. 무제(武帝)는 자주 그를 불러 이야기를 청해 듣곤 했다. 그래서 가끔 어전에서 대접이라도 하면, 먹고 남은 음식을 싸 가지고 가는 바람에 그의 옷은 늘 더러워져 있었나. 보다 못한 황제(皇帝)가 비단을 하사하면 어깨에 메고 귀가했다. 또 돈을 하사하면 술집에서 다 써버리고, 미녀를 아내로 삼아 1년도 못 가 바꾸기 일쑤였다. 그래서 다들 그를 반 미치광이로 여기고 있었다.

하지만 그에게는 번뜩이는 지혜가 있었다. 그는 곧잘 무제(武帝)에게 직언을 서슴지 않았다. 그는 죽을 때에 무제(武帝)에게 다음과 같이 말했다.

“교활하고 아첨하는 무리들을 멀리 하시고 참소(讒訴)하는 말을 물리치소서.”

사실 그는 조정에서 교활한 자를 은근히 비웃었으며 그들과는 일체 타협하지 않았다. 그의 이런 성격은 불의와 타협하지 않고, 충절(忠節)을 지키다 끝내 파직과 귀양으로 불운하게 일생을 보냈던 굴원(屈原)과도 흡사하다. 그가 쓴 칠간[七諫]은 굴원에 대한 흠모의 정을 표현하고 있다. 그 중 자비편(自悲篇)에 이런 말이 보인다.

"얼음과 숯불은 함께 할 수 없다(氷炭不可以相并兮)."

'아첨과 참언을 일삼는 간신들과는 공존할 수 없다'는 자신의 심경을 밝힌 것이다.(출전: 楚辭)

◉ 선입견(先入見)

애초부터 머리 속에 들어가 있는 고정적인 관념 또는 견해. 미리 보거나 듣거나 한 것이 자신의 생각이나 판단의 기준이 되기 쉽다는 말.

전한(前漢)의 11대 황제인 애재(哀帝)는 스물 두살 난 동현(董賢)을 대사마(大司馬)란 큰 벼슬에 임명하는 등 정치와 사람 쓰는 일에 서툴렀다. 20세에 즉위하여 26세에 죽은 애제는 정치를 외척에게 맡겨 놓다시피 하고 자신은 방종한 생활을 즐겼다. 그때 애제의 장인과 동향 친구로 식구붕(息夫躬)이란 사람이 있었다. 그는 춘추전국시대의 소진과 장의 같은 이른바 세객(說客)이었다. 어느 날 그는 애제에게 북방의 흉노가 곧 침략해 온다면서 국경지대에 군대를 집결시켜야 한다고 상소했다. 청산유수 같은 그의 변설에 애제도 그럴싸하게 여겨 승상인 왕가(王嘉)를 불러 대책을 세우라고 했다.

그러나 왕가는 애제의 말을 듣고 식부궁의 주장이 허황되다고 조목조목 지적한 다음 이렇게 덧붙여 말했다.

"폐하께서는 망령된 말이나 쓸데없는 변설에 귀를 기울이시면 안 됩니다. 진(秦)나라의 목공은 어진 신하인인 백리해와 건숙의 말을 듣지 않고 정(鄭)나라를 치려다가 크게 낭패했습니다. 그러나 목공은 뒤에 뉘우치고 아첨하는 무리를 뿌리치고 경험 많은 원로의 말을 존중했기 때문에 훌륭한 군주가 될 수 있었습니다. 폐하께서는 부디 옛날의 교훈을 명심하시고 거듭 생각하시기 바랍니다. 앞서 들으신 말에 구애되지 마십시오(無以先入之語爲主)."

왕가의 말은 받아들여지지 않았지만 얼마 뒤 식부궁은 황제를 우롱한 것으로 드러나 죽음을 당했다. 여기에서 선입지어위주(先入之語爲主)는 선입주(先入主)로 줄여져 쓰이다가 요즘은 선입견(先入見) 혹은 선입관(先入觀)으로 많이 쓴다.(출전: 漢書)

◉ 승당입실(升堂入室)

'대청에 올라 방으로 들어가다'는 뜻으로, 학문이나 예술이 차츰 높은 수준으로 나아가 깊은 경지에 이름을 말함.

공자(孔子)에게 자로(子路)라는 제자가 있었다. 용맹 과감하고 무(武)를 좋아하는 호쾌한 선비였다. 그가 하루는 비파를 켜고 있었다. 그 음색은 그의 성격 그대로 호쾌하고 웅장했다. 그것을 들은 공자가 불만스러운 듯이 자로에게 말했다.

"그런 솜씨로는 나의 제자라고 할 수 없다."

왜냐하면 공자가 주장하는 인(仁)과 중용(中庸)에 어그러졌기 때문이다.

공자의 비판을 들은 제자들은 그 후로 자로를 존경하지 않게 되었다. 자로가 자랑하는 무용(武勇)은 공문(孔門)에 있어서는 오히려 경멸해야 할 것이었기 때문이다.

그러나 그것을 안 공자는 제자들을 타이르고 자로를 변호하여 말했다.

"자로의 솜씨는 이미 당에 올라 있다(升堂). 아직 실에 들어가(入室) 있지 않았을 뿐이다. 잘못 생각하면 안 된다."

공자에게 혼난 제자들은 깊이 반성하고 그 후로 자로에 대한 태도를 고쳐 다시 그를 존경했다.(출전: 論語)

식자우환(識字憂患)

글을 아는 것이 근심을 사게 된다. 문자를 배우고 학문을 하게 되면 많은 걸 알게 되는데 바로 그 때문에 근심거리도 많아진다는 뜻이다.

삼국지의 주인공 유비(劉備)가 제갈량을 얻기 전에는 서서(徐庶)가 군사(軍師)로 있으면서 조조(曹操)를 괴롭혔다. 어떻게 해서든 서서를 자기 사람으로 만들고 싶은 조조는 그가 효자라는 사실을 알고 한 가지 계획을 꾸몄다.

서서의 어머니가 조조의 영역인 위(魏)나라에 있는 것을 이용해 그를 불러들이려는 것이었다. 하지만 서서의 어머니 위부인(衛夫人)은 학식이 높고 의리를 아는 여장부여서 오히려 한 군주를 섬기라고 아들을 격려하는 형편이었다. 조조는 모사(謀士) 정욱(程昱)의 계책에 따라 위부인의 필체를 흉내 내어 급히 위나라로 돌아오라는 편지를 서서에게 보냈다.

집으로 돌아온 아들을 보고 위부인은 깜짝 놀라 까닭을 물었다. 아들의 말을 듣고 나서야 그것이 자신의 필체를 본뜬 가짜 편지 때문이었음을 알고는 한숨을 내쉬며 이렇게 말했다.

"여자가 글자를 안다는 게 근심거리를 부르는 원인이 되는구나(女子識字憂患)"

세상에는 모르면 괜찮을 것을 알기 때문에 재앙을 당하는 경우가 있다. '석창서취묵당(石蒼舒醉墨堂)'이란 시에서 소동파도 이렇게 읊고 있다.

"문자를 알게 되면서 사람의 우환은 시작되네(人生識字憂患始).
이름 자나 겨우 쓸 수 있다면 편히 쉴 수 있건만(姓名粗記可以休)."

(출전: 三國志)

◉ 온고지신(溫故知新)

옛 것을 익히고 그것으로 미루어 새 것을 안다는 뜻.

공자는 『논어』에서 이렇게 말했다.

"옛 것을 익히어 새 것을 알면 남의 스승이 될 수 있느니라(溫故而知新 可以爲師矣)."

남의 스승이 된 사람은 고전(古典)에 대한 박식(博識)만으로는 안 된다. 즉, 고전을 연구하여 거기서 현대나 미래에 적용될 수 있는 새로운 도리를 깨닫는 것이 아니면 안 된다는 것을 말하고 있다. (출전: 論語)

◉ 우공이산(愚公移山)

어리석은 사람이 산을 옮긴다는 뜻으로, 어떤 큰일이라도 끊임없이 노력하면 반드시 이루어짐을 비유함.

춘추 시대의 사상가 열자(列子)의 문인들이 열자의 철학사상을 기술한 『열자』에 다음과 같은 우화가 실려 있다.

먼 옛날 태행산(太行山)과 왕옥산(王玉山) 사이의 좁은 땅에 우공(愚公)이라는 90세 노인이 살고 있었다. 그런데 사방 700리에 높이가 만 길이나 되는 두 큰 산이 집 앞뒤를 가로막고 있어 왕래에 장애가 되었다. 그래서 우공은 어느 날, 가족을 모아 놓고 이렇게 물었다.

"나는 너희들이 저 두 산을 깎아 없애고, 예주(豫州)와 한수(漢水) 남쪽까지 곧장 길을 내고 싶은데 너희들 생각은 어떠냐?"

모두 찬성했으나 그의 아내만은 무리라며 반대했다.

"아니, 늙은 당신의 힘으로 어떻게 저 큰 산을 깎아 없앤단 말이에요? 또 파낸 흙은 어디다 버리고?"

"발해(渤海)에 갖다 버릴 거요."

이튿날 아침부터 우공은 세 아들과 손자들을 데리고 돌을 깨고 흙을 파서 삼태기로 발해까지 갖다 버리기 시작했다. 한 번 갔다 돌아오는데 꼬박 1년이 걸렸다. 어느 날 지수라는 사람이 '죽을 날이 멀지 않은 노인이 정말 망령'이라며 비웃자 우공은 태연히 말했다.

"내가 죽으면 아들이 하고, 아들은 또 손자를 낳고 손자는 또 아들을…. 이렇게 자자손손(子子孫孫) 계속하면 언젠가는 저 두 산이 평평해질 날이 오겠지."

이 말을 듣고 깜짝 놀란 것은 두 산을 지키는 사신(蛇神)이었다. 산이 없어지면 큰일이라고 생각한 사신은 옥황상제(玉皇上帝)에게 호소했다. 그러자 우공의 끈기에 감동한 옥황상제는 역신·과아의 두 아들에게 명하여 각각 두 산을 업어 태행산은 삭동(朔東) 땅에, 왕옥산은 옹남(雍南) 땅에 옮겨 놓게 했다. 그래서 두 산이 있었던 기주(冀州)와 한수(漢水) 남쪽에는 현재 작은 언덕조차도 없다고 한다.(출전: 列子)

◉ 계발(啓發)

슬기와 재능을 널리 열어줌. 지식을 넓혀 주며 사물의 이치를 밝게 해줌.

『논어』에 '불분불계 불비불발(不憤不啓 不排不發)'이라는 말이 있다. 여기에서 나오는 분(憤)이란 마음에 맞는 것을 구하는데 아직 얻지 못하였음을 나타낸다. 배(排)는 말하려고 하는데 아직 말하지 못한 것을 뜻한다. 그리고 계(啓)는 뜻을 편다는 것을 의미하고, 발(發)은 말을 다함을 뜻한다.

공자의 교육 방법은 요즘으로 말하자면 사숙(私塾)이다. 자유스러운 토론 방식을 통해 제자들을 연마시켰다. 즉, 공자의 교육 방법은 어디까지나 상대의 자발성을 기대했다. 예들 들어 다음과 같이 설명했다.

"애써 공부하여 왔는데 바로 눈앞에 이르러 무언가 거치적거리는 것이 있다. 무언가 알 듯 모를 듯하여 주저하거나 머뭇거리는 상태가 아니면 암시를 줄 수 없다(不憤不啓). 또 하고 싶은 말이 머리 속에 있으나 어떻게든 표현이 안 되어 답답해하고 있는 상태가 아니면 도와줄 수 없다(不排不發). 이쪽에서 예를 들어주면 즉시 다른 유형을 제시하지 않으면 지도를 해 줄 수가 없다."

이것은 한 마디로 자발적인 학습 방법을 뜻한다.

그래서인지 공자는 질문을 하는 사람이 무엇을 물어야 할 지 모를 때에는 여러 유형의 반문을 거듭한 후 묻고자 하는 바를 자세히 일러주는 방법을 택하고 있다.(출전: 論語)

◉ 귀감(龜鑑)

거북은 길흉을 점치고 거울은 사물의 그림자를 비춘다. 사물의 거울. 본보기가 될 만한 것.

옛날에는 길흉을 예측하는 방법으로 두 가지가 있었다.

하나는 거북의 등을 말려 굽는 것이다. 그렇게 하면 여러 갈래 금이 나타난다. 그것을 귀열(龜裂)이라고 한다. 이때 생겨난 금을 조(兆)라 하여 어떤 일에 나타나는 기미를 징조(徵兆), 길조(吉兆), 흉조(凶兆)라고 하였다.

다른 한 가지는 서죽(筮竹)이다. 대나무를 이용했기 때문에 우리나라에서는 '산가지'라 하는데 이것은 점쟁이가 산통(算筒)에 넣어 길흉을 헤아릴 때 사용한다. 스스로가 아름다움과 추함을 판단하는 데엔 어떤 도구가 있을까? 그것은 거울이다. 옛날에는 거울이 귀했기 때문에 세숫대야와 같은 곳에 물을 담아 비추어 보았다. 그것이 감(鑑)이다. 다시 말해 감으로써 추하고 아름다움을 판단했다.

송나라의 유학자인 정호(程顥)와 정이(程이) 형제가 어느 날 잔칫집에 갔다. 동생은 점잖게 술을 마시는데 형은 차마 눈뜨고 볼 수 없을 만큼 장난이 심했다. 동생은 몹시 불쾌했다. 다음날 형을 찾아가 은근히 나무랐다.

"형님, 어젯밤 술자리에서 장난이 너무 심합디다. 장난이 그렇듯 거칠어서야 되겠습니까?"

형이 아무렇지 않게 대꾸했다.

"성인은 거울과 같은 것이야. 고운 것이 비치면 곱게 보이고 추한 것이 비치면 추하게 보일 뿐이지. 그러나 거울은 하등 상관이 없지."(출전: 北史)

도외시(度外視)

안중에 두지 않고 무시함.

후한의 시조 광무제(光武帝)때의 일이다. 광무제 유수(劉秀)는 한(漢)나라를 빼앗아 신(新)나라를 세운 왕망(王莽)을 멸하고 유현(劉玄)을 세워 황제로 삼고 한나라를 재흥했다.

대사마(大司馬)가 된 유수는 그 후 동마(銅馬)·적미(赤眉) 등의 반란군을 무찌르고 부하들에게 추대되어 제위에 올랐으나 천하 통일에의 싸움은 여전히 계속되었다. 이윽고 제(齊) 땅과 강회(江淮) 땅이 평정되자 중원(中原)은 거의 광무제의 세력권으로 들어왔다. 그러나 벽지인 진(秦) 땅에 웅거하는 외효와 역시 산간오지인 촉(蜀) 땅의 성도(成都)에 거점을 둔 공손술(公孫述)만은 항복해 오지 않았다.

중신들은 계속 이 두 반군의 토벌을 진언했다. 그러나 광무제는 이렇게 말하며 듣지 않았다.

"이미 중원은 평정(平定)되었으니 이제 그들은 문제시할 것 없소[度外視]."

광무제는 그간 함께 많은 고생을 한 병사들을 하루 속히 고향으로 돌려보내어 쉬게 해주고 싶었던 것이다.(출전: 後漢書)

◉ 목탁(木鐸)

세상 사람들을 각성시키고, 가르쳐 인도하는 사람.

목탁(木鐸)이라면 누구나 사찰(寺刹)에서 사용하는 불구(佛具) 정도로 알고 있다. 사실 중국에서는 불교가 전래되기 수천 년 전부터 목탁을 사용했다. 옛날에는 달력이 귀했으므로 백성들이 절기(節氣)에 따른 농사일을 알기가 쉽지 않았다. 그래서 통치자는 그때그때 해야 할 일을 백성들에게 알렸는데 이때 사용했던 것이 목탁이다.

그 일을 맡은 관리는 매년 봄만 되면 커다란 방울을 치면서 시내(市內)를 돌아다녔다. 그 소리를 듣고 사람이 모여 들면 "봄이 왔으니 씨를 뿌려라"고 알렸던 것이다. 그런데 그 방울 속의 혀가 나무로 돼 있었으므로 목탁이라고 했다. 물론 쇠로 된 것은 금탁(金鐸)이라고 했는데 주로 군대 내에서 명령을 하달할 때 사용하였다.

나중에 불교가 전래되고 절기도 어느 정도 익숙해지면서 목탁은 사찰에서만 사용되었는데 이 역시 식사(食事)나 염불 시간 등 공지사항을 널리 알리기 위해서였다. 어느 경우든 목탁은 어떤 사실을 널리 알리는데 사용됐음을 알 수 있다.

여기에서 나중에는 백성들을 교화(敎化), 인도하는 사람을 목탁이라고 부르게 되었다. 그 대표적인 사람이 공자였다.

공자가 노나라에서 벼슬을 그만 두고 자기의 이상을 실현시킬 나라를 찾기 위해 유세(遊說) 여행을 하고 있던 무렵이다.

한번은 위(衛)나라에 갔는데, 의(儀)라고 하는 국경을 지키는 관원이 찾아왔다.

"군자께서 여기에 오시면 저는 어떤 분이라도 반드시 뵙습니다."

그가 공자를 뵙고 싶다고 청하므로 종자가 면회를 시켰다. 잠시 후 공자와 몇 마디 이야기를 나누던 관원이 나와 제자들에게 말했다.

"여러분은 문(文)이 상실되는 것을 왜 걱정하시오. 천하에 도가 없어진 지가 이미 오래 되었습니다. 하늘은 장차 당신들의 선생님을 도(道)를 전하는 목탁(木鐸)으로 삼으실 것입니다."(출전: 論語)

보론 2. 서양의 격언들

◉ 플라토닉러브

플라톤은 소크라테스의 사고를 이어 받은 고대 그리스 아테네의 철학자이다. 경험적 사실(經驗的事實)을 떠나서 존재하는 실재성(實在)의 이데아를 주장하여 관념론적 철학(觀念論的 哲學)의 시조가 되었다. 그는 진(眞)・선(善)・미(美)의 이상 국가(理想國家)를 지향하고, 그 이데아에 이르는 정열(eros)이야말로 철학이라고 말하며, 영혼불멸설(靈魂不滅說)을 주창했다.

그는 『소크라테스의 변명』을 비롯하여, 많은 저서를 남겼다. 그것은 철학 논문의 체제를 갖춘 것이 아니고, 구체적인 대화(對話) 형식으로 되어 있다. 그는 대화 문답을 통해서 철학사상을 풀어 나가는 독특한 스타일을 고수했다.

본래 그의 스승 소크라테스는 대화 형식으로 자신의 학설을 설명했는데, 플라톤도 그의 「대화편」에서 스승의 '대화'를 묘사할 목적으로 저술을 시작했다.

플라톤의 저서 중에서 가장 유명한 것으로 『향연(饗宴)』이 있다. 『향연』은 폴리스의 시민생활을 주요 주제로 다루고 있다. 이것은 관혼상제에 따르는 잔치였고, 사람들은 술을 마시며 노래를 부르고, 손님의 이야기를 듣고 악사의 음율과 무희의 춤을 즐기며, 학술문예를 토론하기도 하며, 시간을 보냈다.

『향연』은 플라톤이 죽은 스승 소크라테스의 사상과 인격을 추모하면서 쓴 글인데, 무대는 B.C. 416년 어느 젊은 시인의 작품이 콘테스트에서 우승하여 그 축하연이 벌어졌던 자리이다. 그 자리에서 사람들은 사랑의 신, 에로스를 찬미하는 연설을 하게 된다.

어떤 사람은 애인끼리 모인 군대를 만들 것을 제안한다. 여기에 애인이란 것은 이성 간의 사랑이 아니라, 당시 그리스의 습관이던 소년 간의 사랑을 의미한다. 서로 사랑하는 청소년은 부끄러운 행위를 상대편에게 보이지 않으려고, 용감하게 싸울 것이 틀림없다고 생각했다.

이때, 유명한 희극 시인 아리스토파네스도 발언을 하여, 이성 간의 사랑과 동성 간의 사랑에 대해서 기발한 말을 한다.

옛날 사람은 지금의 사람을 둘로 합친 형태였는데, 신의 노여움을 사서 두 쪽으로 나뉘어졌다. 그래서 전날의 그 반쪽을 서로 그리워하는 것이라고.

그러자 마지막으로 소크라테스가 일어나서, 그의 의견을 말한다. '에로스'는 선미(善美)하며 능숙한 신(神)을 아버지로, 청빈을 어머니로 하여 태어난 자식이며, 가난하지만 막히지 않고, 또 부유하게 되지도 않는다.

그는 지(知)와 무지(無知)의 중간에 있으면서, 지(知)를 그리며 찾는 애지자(愛知者)이다. 그는 아름다운 육체에서 아름다운 활동을 지향하고, 다시 아름다운 학문에서 미(美)의 본체(本體)를 인식하는 방향으로 나아간다.

미(美) 그 자체를 관조(觀照)하는 것만이 인간이 사는 보람이다. 이 사상은 소크라테스의 입을 빌어 말하고 있으나, 플라톤 자신의 사상이기도 했다. 그리고 이 미(美)의 본체(本體)인 진실재(眞實在)에 대한 사랑이 본디는 '플라토닉 · 러브', 즉 순애(純愛)였는데, 모르는 사이에 남녀 간의 정신적인 사랑을 가리키는 것으로 쓰이게 되었다.

◉ 너의 필요성이 더 크다.

사・필립・시드니(1559~1586)는 엘리자베트 1세 때, 문무를 겸비한, 르네상스가 낳은 영국 신사의 꽃이라고 불리우는 인물이다. 시드니의 외가쪽 백부가 여왕의 총신 레스타 백작이며, 이 무렵, 영국은 당시 강대국이던 스페인과 전쟁 상태에 있었다. 지상군의 총사령관이 레스타 백작이며, 지금의 네덜란드 지방에 출병하여, 스페인군과 교전하고 있었다.

시드니도 이 전투에 참가하고 있었는데, 1586년 9월 22일 즛도펜의 성 밑에서 한쪽 무릎에 부상을 당하고 얼마 후 죽었다. 중상을 입고, 전지에서 후송되어 오는 도중, 마침 사령장관인 레스타 백작이 서 있는 근방에 다다랐다. 그러나 시드니는 출혈로 인하여 갈증을 견딜 수 없어 물을 달라고 했다. 가져 온 수통에 입에 대려고 할 때, 역시 중상으로 후송되어 오던 한 병사가 말할 기운도 없이 멍하니, 시드니의 손에 들린 수통을 바라보고 있는 눈동자와 부딪쳤다.

시드니는 한 방울도 마시지 않은 수통을 그 병사에게 건네주며, '너의 필요성이 더 크다.'라고 말했다.

◉ 인민의, 인민에 의한, 인민을 위하는 정치 (Government of the people, by the people, and for the people)

이 말은 민주주의의 이상을 간결하게 표현한 것으로서, 자주 인용되고 있다. 미국 16대 대통령 에브라함 링컨(1809~1865)이 게티스버그에서 한 연설 속에 나온다. 게티스버그는 펜실베니아 주의 남부에 있는 소도시로서, 남북 전쟁의 옛 싸움터이다.

여기서 1863년 7월 1일부터 3일까지 대격전이 벌어졌고, 북군이 대승리를 거두었다. 싸움은 그 후, 2년이나 계속되었지만, 이때 이미

남북 전쟁의 대세는 결정되었다.

링컨의 이 연설은, 그보다 먼저 두 시간에 걸쳐 열변을 토한 연사의 뒤를 이어, 갑자기 연단에 불리어 올라서 한 것이다. 먼저 사람의 일대 열변은 사람들의 귀에서 잊어졌는데 링컨의, 불과 이백수십어의 이 연설은, 영원히 빛을 내며 남았다. 미국의 초등학교 아동들은 그 전문을 외우도록 되어 있다.

링컨은, 자유를 수호하고 미래를 위하여, 쓰러진 용사들의 공적을 찬양한 뒤에 다음과 같이 말을 맺었다.

> "살아남은 우리들은 여기에 있어 단단히 결심을 굳게 해야 한다. 이들 죽은 사람들에게 개죽음을 시켜서는 안 된다고. 이 국민은 하느님 밑에서, 새로이 자유를 탄생시키게 될 것이라고. 그리고 그 인민의, 인민에 의한, 인민을 위하는 정치를 지상에서 없애지 않을 것이라는 점을"

"인민의, 인민에 의한, 인민을 위하는 정치"라는 이 말은 이로부터 널리 사람의 입에 오른 것이 사실인데, 링컨도 '그'라고 하였듯이 그도 다른 사람의 말을 인용했던 것이었다.

당시의 설교가이던 시오도어 파커(Theodore Parker, 1810~1860)란 사람의 저서 속에 이미 이 말이 보였다. 링컨은 아마도 이 말을 파커에게서 빌려 왔던 것 같다. 파커보다 더 먼저, 정치가이며 웅변가이던 다리엘 웹프스타(1782~1852)가 같은 말을 쓰고 있었다고 한다.

그런데 사실은 이 말의 기원은 훨씬 더 옛날로 올라간다. 14세기의 영국에, 쥼 · 위클리프라는 종교개혁의 선구자가 있었다. 이 사람은 성서를 영어로 완전히 번역한 최초의 사람으로 유명한데, 1384년에 출판된 그 영어의 구약성서 머리말에 이 말이 씌어 있다.

종교개혁과 민주주의가 결부되는 것은 오히려 자연스런 일일 것이다. 그리고 영어의 '거버먼트(Government)'는 '정부'라는 의미도 있어, 이 명언에서도 그렇게 번역하는 수도 있지만, 여기서는 '통치나 정치'로 해석하는 것이 옳다.

우리말로 좀 더 풀어 본다면, "인민을 위한 인민에 의한 인민의 정치!"

여기서 '인민의 정치'란 말에 대해서도 인민 주권을 가리키는 뜻으로도 해석하지만, 통치를 받는 인민의 수동적인 입장을 말한다고 보는 것이 타당하다. 즉, 정치는 인민의 입장에서 인민의 것이어야 한다는 의미로 해석될 것이다.

"국민의 일부를 늘 속일 수는 있다. 국민 전부를 일시에 속일 수도 있다. 그러나 국민 전부를 늘 속일 수는 없는 일이다."

이것도 링컨이 남긴 말이다.

남북 전쟁이 북군의 승리로 돌아가고, 노예 제도의 폐지가 선포되자 남부의 사람들 간에는 링컨을 미워하고, 암살을 음모하는 자가 있었다.

1865년 4월 14일 밤, 링컨은 부인과 함께, 워싱턴의 포드극장에서 '우리 아메리카의 사촌'이라는 희극을 관람 중이었는데, 한편, 그 날 남부군의 명장 리-장군이 항복했다는 보고가 들어와 워싱턴은 승리의 환희에 들끓고 있었다. 이때, 링컨은 갑자기 뒤에서 한 사람의 자객의 습격을 받았다. 귀 뒤에 권총을 맞아 의식을 잃고 그 자리에 쓰러졌으며, 이튿날 아침 세상을 떠났다. 범인은 죤 · 윌크스 · 푸-즈란 이름의 배우로, 링컨을 쏘고 난 뒤, 무대 위로 뛰어 올라, "폭군의 말로(末路)'는 으레 이런 거다!"라고 소리쳤다.

라틴 말로 소리치며 달아났다가, 극장의 창고 속에 숨어 있는 것이 발견되었다. 항복하고 나오지 않자, 불을 질렀는데, 불을 피해 달아나는 것을 쏘아 죽였다.

보론 3. 배려 관계의 근원: 우정

◉ 삶: 수평적 관계로서의 우정

인간의 삶은 참으로 다양하며 양면적인 것 같다. 때로는 아름답기도 하지만 때로는 추하기도 하다. 사랑과 미움이 수시로 교차한다. 뿐만 아니라 희열의 즐거움 뒤엔 절망의 고통도 있다. 어찌 이리도 복잡하고 모순적일까? 혹, 이런 가지각색의 형상으로, 이중인격으로, 삶의 이력들을 채워 가는 것이 인간의 본 모습은 아닐까?

하지만 인간은 얽히고설킨 관계망 속에서 삶의 진실을 추구한다. 진선미(眞善美)의 고귀한 이상을 꿈꾼다. 그러기에 짐승이나 식물과 차별하여 "만물의 영장"이라 하지 않았던가? 인간은 삶의 기준을 제시하고, 도덕적 생활을 요구하며, 인간다움을 지속적으로 갈망한다. 사람됨의 문제로 늘 고민하는 모습, 이것 자체가 양보할 수 없는 인간의 목적일 것이다.

인간이 삶을 영위하는 방식은 다양하다. 형식상 수직적 관계와 수평적 관계로 나눌 수도 있다. 유교전통에서는 이것을 "오륜(五倫)"으로 제시했다. 인간관계에 필요한 다섯 가지의 기본적 윤리 말이다. 즉, '부모-자식 사이', '임금-신하(백성) 사이', '어른-어린이 사이'가 수직적 관계의 대표적인 것이고, '부부 사이'와 '친구 사이'는 수평적 관계의 전형이다.

가만히 생각해 보면, 모든 인간관계는 수직-수평의 종횡 사이에 놓여있는 것 같다. 나를 중심으로 보면 상하사방의 관계이다. 다시 말해, 나의 위아래 사람들, 그리고 나와 동등한 위치의 동료 친구들 사이의 관계망. 이런 질서로 사회는 유지되어 왔다. 특히 인간은 교육을 통해 자기 보존과 개혁의 기반을 가다듬어 왔던 것이다.

인간의 삶 가운데서, 우정은 수평적 질서를 전제로 한다. 일상생활 속에서, 혹은 학문적 토의 과정에서, 종교적 · 정신적 교유 등 우정은 평등한 가치 위에서 출발하는 것이다. 우정은 말뜻 그대로 '친구 사이의 정'이다. 이는 친구 사이의 '만남'에서 가장 쉽게 싹틀 수 있다. 친구 사이의 만남은 청소년 시기에 매우 활발하다. 왜냐하면 매일 만나는 학급 친구들이 현실적으로 가장 가까운 벗의 대상이기 때문이다. 이는 우정이 그 시기에 가장 잘 싹틀 수 있음을 의미한다. 조금 이르면 초등학교 시기일 수도 있지만, 대부분은 중 · 고교 시절이나 대학 초년생 시기에 절친한 친구를 사귀게 된다. 흔히 사춘기라고 하는 청년 시절에 친구라는 존재가 나에게 달려온다는 말이다.

이렇게 친구에 대한 구체적 인식은, 인간 실존이 자각하는 시기와도 결부된다. '나는 누구인가', '무엇을 하며 어떻게 살 것인가' 다시 말해, 청년들은 나의 존재 가치를 고민하고, 타인과의 관계를 두루 생각하는 계기를 맞이한다. 그때 우리 앞에 가장 먼저 다가오는 존재가 바로 '친구'이다. 친구란 무엇일까? 나에게 어떤 존재일까? 우리는 대부분 자기도 모르게 끼리끼리 어울려 다니면서 친구를 사귀며 경험한다. 나와 주변 환경과의 교감 속에서 정을 싹틔워 간다. 마치 햇빛, 토양, 물, 바람, 서리 등 제반 자연조건을 타고 자라나는 새싹처럼 우정의 싹을 틔워 가는 것이다.

◉ '관포지교'의 아름다움

그런데, 우정이란 무엇일까? 어떤 친구 사이가 우정이 있는 관계일까? 우정에 대해 많은 사람들이 얘기한다. 신의가 있는 친구, 나를 이해해 주는 친구, 도움을 주는 친구 등 다양한 표현으로 말이다.

중국 고대의 인물인 관중(管仲)과 포숙(鮑叔)의 이야기를 들었으리라. 우리는 흔히 우정의 백미로 이 둘 사이의 관계를 거론하곤 한다. 그 유명한 관포지교(管鮑之交)! 왜 그들의 관계를 친구 사이에 형성될 수 있는 최고의 경지로 묘사하는 것일까? 고사를 잘 살펴보면, 그들 사이가 단순히 평소에 신의가 있고, 일상생활에서 재미있게 잘 지냈기 때문이 아님을 알 수 있다. 사실 우정의 요건, 그 핵심은 다른 데 있었다. 사마천은 『사기』 「관안열전(管晏列傳)」에서 그들의 얘기를 구체적으로 적고 있다. 주요한 내용을 간추려보면 다음과 같다.

첫 번째 일화는 장사할 때의 사연이다. 관중과 포숙은 어렸을 때부터 사귄 친구였고, 젊은 시절 둘은 함께 생선 장사를 했다. 그런데 언제나 이익금을 관중이 많이 챙겨갔다. 주변 사람들은 관중을 의리 없는 녀석이라고 욕을 했다. 하지만 포숙은 관중에게 화내지 않았다. 오히려 관중을 변호했다. "관중은 가난하다. 딸린 식구도 많다. 절대 욕심이 많아 그런 것이 아니다"라고 말이다.

두 번째 이야기는 전쟁에 나갔을 때의 일이다. 당시 중국은 힘으로 패권을 좌지우지되던 전쟁의 시기, 춘추 시대였다. 관중과 포숙도 예외는 아니어서 함께 전쟁터에 불려나갔다. 전투는 한창 치열한데, 관중은 언제나 대열의 후미에서 자기 몸 가누기에 바빴다. 그러다 싸움이 끝나면 맨 앞에서 걸어오곤 했다. 얼마나 비열하게 보였을까. 전투에 참가했던 사람들이 관중을 겁쟁이 같은 녀석이라고 욕을 해댔다. 그때마다 포숙은 동료들을 향해 소리쳤다. "관중은 절대 비겁하거나 용기가 없어서 그런 것이 아니다. 그는 늙은 어머니를 모시고 있다. 몸을 아껴 어머니에게 길이 효도하려는 갸륵한 마음이 그에게 있다. 당신들이 이런 상황이라면 어떻게 했을 것 같은가!"

세 번째 얘기는 관중과 포숙이 서로 다른 정파에 속해 있을 때 이야기이다. 당시 정쟁은 목숨이 왔다갔다하는 상황이었다. 관중과 포숙은 어른이 되어 둘 다 높은 관직에 올랐다. 말하자면, 정치가로 성공해서 요직에 있었던 것이다. 한치 앞을 예측하기 힘든 혼란한 시기인지라, 각자 삶의 기준에 따라 행동했다. 그런데 관중은 왕위 쟁탈 과정에서 반역의 무리가 되었다. 왕위를 차지하려는 인물에 대해, 원칙에 어긋난다는 이유로 그를 죽이려 했다. 그러나 그는 죽지 않고 왕이 되었고, 관중은 사로 잡혀 그 앞에 끌려 왔다. 곧 죽을 목숨이 되고 말았다. 이때 포숙은 그 왕의 측근이었다. 얼마나 난감했겠는가? 하지만 포숙은 왕에게 관중을 죽이라고 말하지 않는다. 오히려 재상에 앉히라고 권고한다. 왕이 죽이려 한 인물을 재상에 앉히라니? 목숨을 내놓은 행위나 다름없었다. 간곡한 권고 끝에 왕도 포숙을 믿는 터라 관중을 재상에 앉혔다.

이어서 더 위대한 일이 벌어진다. 포숙은 조용히 관중 밑에서 벼슬했던 것이다. 이유는 간단하다. 포숙이 그렇게 행위한 것은 흔히 생각하는 친구 사이의 사적인 감정 때문이 아니었다. 포숙은 오랜 사귐의 경험으로 현실적인 국정수행능력이 자기보다 뛰어나다는 관중의 재능을 인정했다. 타인에 대한 진실한 배려와 진정한 이해가 실천되는 순간이었다.

두 사람은 인생이 어떤가? 특히 포숙의 행동을 보면서 어떤 생각이 드는가? 포숙은 언제나 관중을 이해하고 변호했으며, 관중은 현실을 파악하고 그에 잘 적응했다. 그런 영향인지 중국 역사에서 관중은 현실 개혁적 인물로 존경받고 있다. 특히, 춘추 시대 초기 제나라를 가장 힘 있는 나라로 만든 장본인이기 때문에 더욱 그러하다. 그러나 사마천은 "세상 사람들은 관중의 뛰어난 재능과 경륜보다도 포숙의 사람 알아보는 혜안을 더 높이 샀다"라고 하며, 포숙을 더 높이 평가했다. 이 점이 우리가 깊게 보아야 할 대목이다. 사마천은 왜 그런 평가를 했을까? 아마 친구 사이의 가장 숭고한 예의를 보았기 때문이리라. 바로 우정의 참 의미를 말이다.

◉ 우정은 절대적 신뢰

우리 인간은 대개 현실적 삶을 살아간다. 그러므로 구체적인 자기 이익을 추구하는 경우가 많다. 타인에 대한 이해나 배려도 중요하지만 나의 삶을 일차적으로 앞세운다. 이런 현실에서 관포지교의 의미가 무슨 메시지를 줄 수 있을까?

관중은 현실을 중시하는 사람으로 삶의 외재적 가치를 추구했다. 그에게 우선 중요한 것은 현실적 삶이었다. 그러기에 가족과 어머니를 봉양하기 위해 자기 몸을 보존하려 했고, 구차하게 자기가 죽이려 했던 왕 밑에서도 잘 적응해 나갔다. 반면 포숙은 인간 자체의 내면적 가치를 깊이 깨닫고 있었다. 현실적 행위의 근원을 간파하며, 타인이 지닌 재능과 가능성을 적극 믿어 주었다. 기다림과 인내, 그리고 마침내 잠재된 가치를 실현할 기회를 제공했다. 그렇게 관중과 포숙은 수십 년을 사귀면서 서로의 필요성과 가치를 인정할 줄 알았다. 즉, 상대의 성격과 인품에 드러나는 내면적·외면적 가치의 중요성과 의미를 제대로 꿰뚫고 있었던 것이다.

인간은 전통적으로 정신적 가치를 물질적 가치보다 우위에 두어 왔다. 그래서 돈보다는 명예, 세속적 삶보다는 종교적 삶, 현실의 매몰보다는 이상의 추구를 높이 평가해 왔던 것이다. 하지만 물질적 가치를 소홀히 할 수는 없다. 왜냐하면 그것은 현실을 움직여 가는 주요 동력이기 때문이다. 관중은 그것을 실천했을 뿐이다. 중요한 것은 그것을 인정하고 그 가치를 뒷받침하며 인내해 준 포숙의 정신적 가치이다. 우정의 핵심은 여기에 있다. 단순히 어떤 가치를 우위에 두는 것이 아니라 상대가 지닌 가치를 인정할 줄 아는 지혜, 다시 말해, 우정은 정신적·내재적 가치와 물질적·외재적 가치의 합치를 통해 삶의 완성을 도모하는 기반이다. 이런 점에서 우정은 서로의 인생을 완성시켜 가는 디딤돌 역할을 할 수 있다.

그렇다면 친구, 벗이란, 도대체 무엇일까? 오랜 기간 인간관계를 유지했다고 누구나 벗이 되는 걸까? 물론 오랫동안 만나면서 서로 이해하면 벗이 될 확률은 높다. 그렇다고 모두 친구가 되는 것은 아니다. 왜냐하면, 친구라 이름하기 위해서는 일정한 기준이 있기 때문이다.

관중과 포숙은 무엇 때문에 우정의 모범으로 역사에 남아 있을까? 결론부터 말하자면, 상대방에 대한 이해와 배려, 절대적 신뢰 때문입니다. 포숙은 어릴 때부터 관중의 잠재된 재능을 알아보았다. 늘 그를 이해하려고 했다. 언젠가는 그것을 발휘하리라. 그리고 기다렸다. 막연한 이해가 아니라 이유 있는 이해, 즉 관중의 고뇌를 진정으로 이해하고 마음으로 아파할 줄 알았다. 관중도 마찬가지였다. 훗날 관중은 “세상에 나를 낳아준 것은 부모지만, 나를 알아준 것은 포숙이었다”고 술회했다. 그렇게 둘은 말없이 서로를 이해하고 신뢰했나. 뿐만 아니라 행동으로 실천했다.

이처럼 우정의 제일 조건은 벗에 대한 이해와 배려, 신뢰이다. 앞에서 본 것처럼, 죽음을 무릅쓰면서 까지도 말이다. 세계적으로 유명한 『우정론』을 쓴 프랑스의 작가 보나르는 “우정이란 어떤 상대의 성격을 분명히 파악하고, 선택하기로 한 상대에 대해 절대적인 신뢰를 가지는 것”이라고 했다. 관포지교의 관계는 이를 입증해 주었다.

◉ 우정은 ‘나와 너의 충실’이라는 꽃

세상에는 무수한 인간들이 있다. 먼저, 내 주변을 둘러보라. 다양한 모습의 하우들이 있을 것이다. 좋은 사람이건 싫은 사람이건, 언제 어디서건, 나는 타인들과 부딪치며 살아가야 하는 게 현실이다. 이 부딪침 속에서 다른 사람들이 싫어지지 않아야 할 텐데 늘 그것이 걱정이다. 내가 사람들을 싫어하는데서 이해와 배려는 싹트지 않는다. 이런 관계에서는 우정을 거론할 수도 없다. 또한 삶의 경험이 쌓여 가면 갈수록, 인생의 깊이와 폭이 넓어지고 인간에 대한 신뢰감도 확장되어야 한다. 그런데 사람으로부터 더욱 멀어지고 신뢰감이 떨어지는 게 현실이기도 하다. 이런 인생의 과정에서도 우정은 자리할 수 없다. 그렇다면 어떤 관계에서 우정의 싹이 자랄 수 있을까?

우리는 오랜 옛날부터 친구관계를 "신(信)"이라는 말로 대신해 왔다. 신뢰, 믿음 말이다. 예컨대, 오륜의 "붕우유신(朋友有信)", 화랑도 세속오계의 "붕우이신(朋友以信)"도 그런 것들이다. 이때 신의, 믿음이란 구체적으로 무엇을 말하는 것일까? 우리의 전통사상인 유학에서 생각해 보자.

우리의 전통사상인 유교는 효제충신(孝悌忠信)을 인간관계 질서의 핵심에 두고 있다. 여기에서 효는 수직관계이고 제는 수평관계이다. 충은 자기 자신에 관한 언급이고, 신은 타인과의 관계에 대한 언표이다. 이 중 효는 부모에게 효도하는 일이고, 제는 형제 사이에 공경하고 우애 있게 지내는 것을 말한다. 물론 이를 사회적으로 확장하면, 어른을 높이는 것도 효이고, 사람과 사람 사이의 예절을 지키는 것이 제이기도 하다.

그런데 친구 사이의 우정과 관련해서는 예로부터 '믿음(信)'을 중심에 두고 고민해 왔다. 이 믿음(信)은 충(忠)과 짝을 이룬다. 충은 원래 '자기를 다한다'라는 자기 성실성의 표현이다. 즉, 자기의 최선을 다하는 것, 충실이라는 의미이다. 우리가 일반적으로 알고 있는 '국가에 충성한다'는 의미의 충은, 중국 한나라 이후 지배자들이 신하와 백성을 다스리기 위한 수단으로 왜곡시킨 개념이다.

믿음(信)은 다른 사람에게 진실하게 다가가 거짓이 없음을 일컫는 말이다. 이는 다른 사람을 본받으며 어기지 않을 때 생긴다. 이렇게 볼 때, 충은 자기 성실성이요, 신은 그것이 타인에게로 확장되어 구체적인 일로 표출되는 형식이다. 표리관계라고나 할까? 다시 말하면 내 마음 가운데로부터 나오는, 성실성 자체는 충이요, 착실히 실행함은 신이다. 믿음이란 다른 것이 아니다. 타인에 대해 자기 마음을 다하는 진실한 행위 자체이다. 그러므로 우정은 자기 충실에서 시작한다. 나아가 타인에게 성실할 때 우러나오는 감정이다.

이렇게 볼 때, 우리는 친구를 어떻게 대해야 할까? 나를 기준으로 대해야 할까? 친구를 기준으로 대해야 할까? 서로가 동시에 이입・삼투되는 것일까? 친구 사이에 믿음은 나와 너의 인격적 관계가 성립할 때 일어난다. 그러기에 만남과 대화의 철학자 부버는 『나와 너』에서 "'너'는 '나'와 마주 서 있다. 그러나 나는 '너'와의 직접적인 관계 속으로 걸어 들어간다. 이렇듯 관계란 선택받는 것인 동시에 선택하는 것이며, 수동인 동시에 능동이다"라고 했다. 너와 나, 얼마나 멋있는 말인가. 친구 사이에 일어나는 성실성이란 이처럼 상호적이다. 어느 일방의 희생이 아니다. 앞에서 말한 자기 충실과 타인에 대한 성실성이 친구 사이에 동시에 이루어질 때 우정은 가능하다. 앞에서 본 관중과 포숙은 자기 충실을 통해 서로에게 성실했다. 우정은 바로 성실함, 미더움에 기초해 있는 인간관계의 덕목이다.

◉ 우정은 삶의 주춧돌

앞에서 언급한 것처럼, 우정은 수평적 인간관계에서 발생한다. 즉, 완전히 평등한 사람 사이에 존재하는 정감이다. 여기에는 지적 능력의 차이, 사회적 지위, 권력, 재물 등이 큰 영향을 미치지 않는다. 지식이 많아 똑똑한 사람, 자기 혼자 잘난 사람, 돈 많은 사람에게 친구가 많은 것이 아니다. 어떤 처지에 있건 오직 인간에 대한 성실함이 중요할 뿐이다. 다만 인간의 속성상 비슷한 처지의 사람들이 함께 마음을 터놓고 만나는 경우는 자주 있다. 서로가 지닌 비슷한 고민을 진실하게 대하는 믿음의 발생을 기점으로 말이다.

그런데 인간의 삶에서, 왜 우정이 절실히 요구되는 것일까? 특히 우정이 싹트는 청소년 시기에 어떤 삶의 자세, 교우관계가 필요할까? 이는 삶을 대하는 태도와 관련이 있다. 현대 사회 심리학의 거장 에릭 프롬은 "인간의 사명이란, 자유를 확대하고, 죽음으로 인도되는 조건에 대항하여, 삶으로 향하는 조건을 강화하는 데 있다"고 했다. 그렇다. 인간은 죽음이 아니라 삶을 중시한다. 모든 것은 삶의 문제가 아닐까. 죽음조차도 삶의 한 국면이 아닐까. 공자도 삶의 문제에 골몰했고, 소크라테스도 예수도 석가도 궁극적으로는 삶의 정당한 모습을 찾으려고 노력했던 선각들이었다. 그들은 하나같이 인간을 사랑했다. 그리고 인간을 신뢰했다. 그러기에 오늘날에도 인간을 계도하여 깨달음으로 나아가도록 지침을 주고 있다. 그것은 넓은 의미에서 인간에 대한 우정의 표시가 아닐까.

우정, 벗에 대한 정감, 자기 충실과 타인에 대한 성실성은 우리 삶의 주춧돌이다. 인간의 삶에는 다양한 목소리가 상존한다. 건전한 사회는 이를 잘 조절하여 사회적 질서로 이끌어낸다. 이는 마치 서로가 서로를 비춰주는 샹드리제 불빛처럼, 다양한 불빛을 하나로 모아내는 일과도 같다. 서로에 대한 배려와 이해, 상대방에 대한 인정이 사회를 유지하는 기본 바탕이다. 우정은 그런 덕목을 기조로 형성된다. 이런 의미에서 우정은 사회를 지속시키는 뼈대이자 신경망과도 같다.

특히, 친구 사이의 만남이 활발한 청소년 시기에 우정은 더욱 소중하다. 비유하자면 청소년 시기는 인생에서 떠오르는 해와 같다. 해가 떠오를 때부터, 잿빛 구름이 주변을 감싸고 있다고 생각해 보라. 그 하루는 어떠하겠는가. 사람 사이, 인생도 마찬가지이다. 사람에 대한 이해와 배려, 신뢰 없이 주변을 맴돌고 있는 사람이 많다면, 그 인생은 얼마나 삭막하겠는가.

산업 사회 이후, 오늘날 우리가 겪고 있는 정보화의 물결은 인간을 더욱 고립시킨다. 인간 사이의 만남은 점점 줄어들고 컴퓨터를 비롯한 기계와 사이버 공간에서의 대화는 늘어만 간다. 그리고 그 공간에서 끊임없이 자기를 소외시켜가기도 한다. 이것은 이 시대의 현실이다. 어쩌면 이런 현실에서는 지금 얘기하고 있는 우정이라는 말 자체가 설자리가 없을지도 모른다. 하지만 인간과의 만남과 대화를 통해 인간됨을 추구하는 것이 인간의 목적이자 교육이라면, 청년 시기에 믿음이 있는 진실한 벗을 만나 삶을 나눈다는 것은 매우 중요한 일이다. 진정한 친구를 만나기 위해서 어떻게 해야 할까? 다시 관포지교를 기억하며 두 가지만 돌이켜 보자.

먼저, 상대방을 이해하고 배려해야 한다. 상대방의 처지와 상황을 구체적으로 보고 듣고 살펴야 한다. 단순히 외모나 말씨만을 통해 판단하는 것은 정말 금물이다. 그의 마음에까지 들어가서 이해를 구해보자. 설혹 외면적으로 실수를 하는 친구가 있다 하더라도, 그 내면의 가치도 함께 보는 자세가 필요하다. 여기에 인내(忍耐)가 요구된다.

두 번째는 친구에 대해 절대적 신뢰를 가질 필요가 있다. 먼저 나의 마음을 열어 놓고 상대에게 다가가자. 상대방도 그럴 것이다. 내 마음을 열고 다가갔을 때, 현실적으로 손해를 보는 느낌이 올 수도 있다. 이때 포숙의 경우처럼 좀 너그러워지면 어떨까. 진실은 전해지게 마련이다. 나의 진실이 상대에게 전해지고 상대의 그것을 내가 동시에 수용할 때, 신뢰는 저절로 오리라.

인간은 가능성의 존재이다. 누구나 잠재된 가치를 지니고 있다. 그러기에 교육을 통해 그 가치를 발현하려고 한다. 우정의 씨앗, 성실함도 다양한 형태로 인간에게 보존되어 있을 것이다. 단지 우리는 그것을 펼칠 여유를 갖지 못했다. 원인은 다양하다. 특히 현재 우리가 살아가는 디지털 시대는 속도(speed)가 이 세상을 좌우한다고 한다. 그래서 사람들은 더욱 속도에 휘말리고 있다. 속도도 이 시대의 가치임에 분명하다. 그리고 소중하다. 하지만 이는 겉으로만 드러난 외재적 가치이다. 이제 그와 짝하는 느림과 여유, 그 중 하나인 우정의 가치를 되새김질해 보면 어떨까. 인간 지혜의 기저에 남아 있을 성실함이라는 내재적 가치 말이다.

참고문헌

『論語集註』『大學章句』『中庸章句』『孟子集註』『周易』『禮記』『呂氏春秋』『說文解字』『廣雅』「原道」『史記』『老子道德經』『莊子』『大智度論』『康熙字典』

『三國史記』『三國遺事』『禪家龜鑑』『朝鮮王朝実錄』

中文大辭典編纂委員會.『中文大辭典』. 臺北: 中國文化大學出版部, 1985.

漢語大詞典編輯委員會.『漢語大詞典』. 上海: 漢語大詞典出版社, 2001.

大漢韓辭典編纂室.『大漢韓辭典』. 서울: 교학사, 1998.

『구약성서』『신약성서』『오디세이』『코란』

강선보.『마르틴 부버 만남의 교육철학』. 서울: 원미사, 2003.

강선보 · 신창호.『교육의 이해』. 서울: 동문사, 2009.

강선보 · 신창호.『배려, 교육을 향한 열정』. 서울: 원미사, 2009.

강창동.『지식기반사회와 학교지식』. 서울: 문음사, 2003.

고대 교육사 · 철학회 편.『인간주의 교육 사상』. 서울: 내일을 여는 책, 1996.

고미숙.『대안적 도덕교육』. 서울: 교육과학사, 2005.

고미숙.「배려윤리와 배려교육」. 안암교육학회.『한국교육학연구』 10(2), 2004.

高樹藩.『正中形音義綜合大字典』. 臺北: 正中書局, 1974.

국제가톨릭성서공회.『해설판 공동번역 성서』. 광주: 일과놀이, 1995.

宮崎市定.『論語の新研究』. 東京: 岩波書店, 1987.

권대봉.『평생학습사회와 교육』. 서울: 학지사, 2002.

권미정.「배려윤리를 통한 도덕과 교육 접근 방안에 관한연구」. 한국외국어대 교육대학원 석사논문, 2008.
김귀성 · 노상우. 『현대교육사상』. 서울: 학지사, 2001.
김기란 · 최기호. 『대중문화사전』. 서울: 현실문화, 2009.
김길환. 『東洋倫理思想』. 서울: 일지사, 1994.
김도경. 「정의 윤리와 배려 윤리의 도덕과 통합교육」. 동국대 교육대학원 석사논문, 2006.
김미정. 「배려윤리의 도덕교육적 강화에 관한 연구」. 충북대 교육대학원 석사논문, 2005.
김수동. 「『논어』에서의 '배려 실천' 고찰」. 한국인격교육학회. 『人格敎育』 5(2), 2011.
김수동. 『배려의 교육』. 서울: 장서원, 2005.
김영채. 『학습과 사고의 전략』. 서울: 교육과학사, 1997.
김용선 역주. 『코란(꾸란)』. 서울: 명문당, 2002.
김용옥. 『노자철학 이것이다』. 서울: 통나무, 1989.
김인곤. 「플라톤 『국가』- 철학 텍스트들의 내용 분석에 의거한 디지털 지식 자원 구축을 위한 기초적 연구」. 『철학사상』 별책 제3권 제8호. 서울대학교 철학사상연구소, 2004.
김정환. 『現代의 批判的 敎育理論』. 서울: 박영사, 1993.
김정환 · 강선보. 『교육학개론』. 서울: 박영사, 2006.
김진숙. 「정의와 배려의 통합을 적용한 고등학교 도덕과 수업방안」. 한국교원대 교육대학원 석사논문, 2003.
김진희. 「보살핌 윤리에 관한 비판적 고찰」. 부산대 교육대학원 석사논문, 2005.
김학주. 『공자의 생애와 사상』. 서울: 명문당, 1988.
김형효. 『데리다의 해체 철학』. 서울: 민음사, 1993.
김효근. 『신지식인』. 서울: 매일경제신문사, 1999.
노경숙. 「배려 윤리에 기반한 바른 생활과 교육 내용 분석 및 지도

방안 연구」. 광주교육대 교육대학원, 2005.
노진호. 「정보화사회에서의 지식과 교육」. 교육철학회. 『교육철학』 25집, 2001.
唐君毅. 『人文精神之重建』. 香港: 新亞硏究所, 1955.
두산백과사전. EnCyber & EnCyber.com.
매튜 립맨(박진환 · 김혜숙 옮김). 『고차적 사고력 교육』. 서울: 인간사랑, 2005.
목영해. 「배려윤리와 유교윤리의 공통점과 그 함의」. 『도덕교육연구』 14(1), 2002.
목영해. 『후현대주의 교육학』. 서울: 교육과학사, 1994.
蒙培元. 『理學範疇系統』, 北京; 人民出版社, 1989.
박병춘. 『배려윤리와 도덕교육』. 서울: 울력, 2002.
박선영. 『불교의 교육사상』. 서울: 동화출판공사, 1989.
박성미. 『대학생을 위한 직업준비교육』. 고양: 서현사, 2006.
박소영. 「집단 따돌림 현상에 대한 도덕교육학적 연구: 배려 윤리를 기본 관점으로」. 성균관대학교 교육대학원, 2008.
박이문. 『자비의 윤리학』. 서울: 철학과현실사, 1990.
박태식. 「첫째가는 계명: 마르12, 28-34풀이」. 『종교 간의 대화』. 서울: 현암사, 2009.
배영주. 『자기주도적 학습과 구성주의』. 서울: 원미사, 2005.
베레나 슈타이너(안미선 옮김). 『전략적 공부기술』. 서울: 들녘미디어 2006.
변상림. 「공자의 인윤리와 나딩스의 배려윤리의 교육적 성찰」. 서울교육대 교육대학원 석사논문, 2003.
손희영. 「나딩스의 배려윤리에 기반한 중등 도덕과 지도방안 연구」. 경북대학교 석사논문, 2006.
송영배. 『中國社會思想史』. 서울: 한길사, 1986.

신경숙. 「넬 나딩스 배려윤리 교육론」. 인하대학교 교육대학원 석사 논문, 2007.

신창호. 「敎育과 學의 根源에 관한 탐구」. 동양고전학회. 『동양고전연구』 24, 2006.

신창호. 『공부 그 삶의 여정』. 서울: 서현사, 2004.

신창호. 『교육학개설』. 고양: 서현사, 2005.

신창호. 『인간 왜 가르치고 배우는가』. 서울: 서현사, 2005.

신창호 · 서은숙. 『한국사상과 교육윤리』. 서울: 서현사, 2003.

안동림 역주. 『벽암록』. 서울: 현암사, 1999.

楊文鶴. 『儒家仁本思想』. 台北; 餘命文化事業有限公司, 1976.

양미진 · 김은영 · 이상희. 『초등학생의 학교폭력 예방을 위한 배려증진 프로그램 개발』. 서울: 한국청소년상담원, 2008.

엘빈토플러. 『부의 미래』. 서울: 청림출판, 2006.

燕國材. 『中國教育心理思想史』. 濟南: 山東教育出版社, 2004.

오현주. 「배려 윤리의 도덕 교육적 적용」. 전북대 교육대학원 석사논문, 2003.

와쓰지 데쓰로(최성묵 옮김). 『인간의 학으로서의 윤리학』. 대구: 이문출판사, 1993.

우노데쓰토(정상구 역). 『中國思想』. 서울: 내외신서, 1991.

우노세이이찌 편(김진욱 옮김). 『중국의 사상』. 서울: 열음사, 1986.

우석훈 · 박권일. 『88만원세대』. 서울: 레디망, 2007.

유네스코 21세기 세계교육위원회 편. 『21세기 교육을 위한 새로운 관점과 전망』. 서울: 오름, 1997.

유승국. 『東洋哲學研究』. 서울: 槿域書齋, 1983.

유정동. 『東洋哲學의 基礎的 研究』. 서울: 성균관대출판부, 1986.

유주옥. 「배려윤리 도덕교육의 실제 적용에 관한 연구」. 인천대 교육대학원 석사논문, 2005.

유현숙 외. 『지식기반사회에서의 학교교육 정책 방향과 과제』. 서울: 한국교육개발원, 1999.

윤민순. 「중등 도덕과에서의 배려윤리 지도 방안 연구」. 한국교원대 교육대학원 석사논문, 2004.

윤정륜 외. 『학습 사고전략의 실제』. 서울: 교육과학사, 1991.

윤정언. 「나딩스 배려윤리의 도덕교육적 응용에 관한 연구」. 경성대학교 교육대학원 석사논문, 2005.

이경욱. 「도덕과 교육에서의 배려윤리 적용에 관한 연구」. 성신여자대학교 석사논문, 2007.

이나현. 『배려윤리의 내러티브 교육과정을 위한 탐색』. 파주: 한국학술정보, 2008.

이낙의. 『漢字正解』. 서울: 비봉출판사, 1996.

이명기. 『仁의 研究-教育學的 接近』. 서울: 양서원, 1987.

이명신. 「Nel Noddings의 배려교육론 연구」. 전남대학교 박사학위논문, 2008.

이미식 · 최용성. 『도덕교육에 대한 새로운 접근: 배려의 윤리』. 부산: 부산대학교출판부, 2002.

이병관. 『한자형음의원류사전』. 서울: 미술문화원, 1999.

이상희. 「정보화시대 학교와 교사의 역할」. 크리스챤 아카데미 편. 『정보화시대 교육의 선택. 서울: 대화출판사, 1997.

이옥순. 「나딩스(Nel Noddings)의 보살핌 윤리의 도덕교육적 성격에 관한 연구」. 충북대학교 교육대학원 석사논문, 2002.

이옥화. 「정보사회의 학교교육」. 『정보사회와 윤리』. 서울: 아산사회복지사업재단, 1996.

이윤희. 「정보사회의 새로운 윤리적 문제에 대한 배려 윤리적 고찰」. 성균관대 교육대학원 석사논문, 2008.

이장호 · 금명자. 『상담연습 교본』. 파주: 법문사, 2008.

이종각. 『새로운 교육사회학 총론』. 서울: 동문사, 2005.

이희수 · 이원삼 외. 『이슬람』. 파주: 청아출판사, 2008.

林語堂(민병산 옮김). 『孔子의 思想』. 서울: 현암사, 1993.

임정연. 「나딩스의 배려교육론 연구」. 성균관대학교 대학원 박사학위 논문, 2011.

전명남. 『학습전략 업그레이드』. 서울: 연세대출판부, 2005.

전세영. 『공자의 정치사상』. 서울: 인간사랑, 1992.

정옥분 · 곽경화. 『배려지향적 도덕성과 정의지향적 도덕성』. 서울: 집문당, 2002.

정윤경. 「나딩스의 배려윤리와 도덕교육」. 『한국교육』 27(1), 2000.

정인덕. 「정의윤리와 배려윤리의 통합적 접근」. 성균관대학교 석사논문, 2008.

정종. 『孔子의 教育思想』. 서울: 집문당, 1980.

정채은. 「배려윤리에 근거한 도덕교육 내용분석 및 지도방안 연구」. 서울교육대 교육대학원 석사논문, 2004.

조선일보. 2005. 5. 13.

조용개. 『생태학적 삶을 위한 환경윤리와 교육』. 파주: 한국학술정보, 2008.

조주영. 「보살핌 윤리에 대한 고찰」. 서울시립대학교 일반대학원 석사논문, 2008.

조현정. 「배려 윤리의 도덕 교육적 의의: 나딩스(Nel Noddings)의 배려 윤리를 중심으로」. 계명대 교육대학원 석사논문, 2003.

종교교재편찬위원회 편. 『성서와 기독교』. 서울: 연세대출판부, 1988.

주광순. 「고대의 techne에 대한 존재론적 반성에 대한 현대 과학 · 기술사회의 관점으로부터의 검토」. 『대동철학』 18. 대동철학회, 2002.

주삼환. 『지식정보화 사회의 교육과 행정』. 서울: 학지사, 2000.

지동직. 『배려의 기술』. 서울: 북스토리, 2006.

지식엔진연구소. 『시사상식사전』. 서울: 박문각, 2012.

최상진. 『한국인의 심리학』. 서울: 중앙대학교 출판부, 2009.

최요안. 『서양고사성어사전』. 서울: 문화출판공사, 1988.

최창모 · 최영철 · 이원삼 · 김종도. 『유대교와 이슬람, 금기에서 법으로』. 파주: 한길사, 2008.

최희경. 「넬 나딩스의 배려교육론 적용 연구」. 연세대학교 교육대학원 석사논문, 2009.

크리스챤아카데미. 『정보화시대 교육의 선택』. 서울: 대화출판사, 1997.

한기언. 『東洋思想과 教育』. 서울: 法文社, 1978.

한백재단. 「인간의 얼굴을 한 정보사회」. 『포럼 21』 여름, 1996.

한준상. 『학습학』. 서울: 학지사, 2004.

허명희. 「배려 윤리의 관점에 따른 제7차 도덕과 교육과정의 비판적 해석」. 성균관대 교육대학원 석사논문, 2006.

戸川芳郎 외(조성을 · 이동철 옮김). 『유교사』. 서울: 이론과 실천, 1990.

Adler, M., Charles, D. *How to read a book*. N.Y: Simon and Schusten, 1972.

Armstrong, Karen(유혜경 옮김). 『마호메트 평전』. 서울: 미다스북스, 2002.

Breul, Bright(Hg.)(윤선구 옮김). *Agenda 21*(『아젠다 21』). 서울: 생각의 나무, 2000.

Buber, Martin(표재명 역). 『나와 너』. 서울: 문예출판사, 1994.

Bulfinch, Thomas(최혁순 옮김). *The Age of Fable*(그리스로마신화). 서울: 범우사, 1994.

Clive Back & Clare M. Kosnik(1995). "Caring for the Emotions",

Philosophy of Education, ed., Philosophy of Education Society (Illinois: Philosophy of Education Society).

Dewey, John. *Democracy and Education*. N.Y: Macmillan, 1916.

Ellenson, Ann(주삼환 · 명제창 공역). *Human Relations*(인간관계론). 서울: 법문사, 1988.

Fingarette, Hebart(송영배 옮김). 『공자의 철학』. 서울: 서광사, 1993.

Fromm, Erich(Rainer Funk 엮음, 박영구 옮김). *Humanismus als reale Utopia*(『인간에 대한 믿음』). 서울: 자작나무, 1994.

Fukuyama, Fransis(이상훈 옮김). *The End of History and the Last Man*(『역사의 종말-역사의 종점에 선 최후의 인간』. 서울: 한마음사, 1995.

Gilligan, C(허란주 역). *In a Different Voice: Psychological Theory and Woman's Development*(『다른 목소리로: 심리이론과 여성발달』). 서울: 동녘, 1997.

Goffi, Jean-Yves(황수영 옮김). 『기술철학-테크노월드 속의 도구적 인간』. 파주: 한길사, 2003.

Heidegger, M(전양범 옮김). *Sein und Zeit*(『존재와 시간』). 서울: 시간과 공간사, 1992.

Jaspers, Karl(윤성범 역). 『철학입문』. 서울: 을유문화사, 1983.

Johnson, S&C(안진환 옮김). 『멘토』. 서울: 비즈니스북스, 2007.

Katz · Noddings · Strike 엮음(윤현진 · 박병춘 · 황인표 · 정창우 · 정탁준 옮김). *Justice and Caring*(『정의와 배려』). 서울: 인간사랑, 2007.

Kerenyi, Karl(장영란 · 강훈 옮김). 『그리스신화』. 서울: 궁리, 2002.

Krishnamurti, J(강옥구 번역). *Education and The Significance of life*(『교육과 인생의 의미』). 서울: 『대화출판사』, 1980.

Leitner, Sebastian. 『누구나 알지만 아무도 모르는 공부의 비결』. 파

주: 들녘, 2009.

Mayeroff, Milton. *On Caring*. N.Y: Haper & Low, 1971.

Milbrath, Lester(이태건 외 옮김). *Envisioning a Sustainable Society*(『지속가능한 사회』). 고양: 인간사랑, 2001.

Milward, Peter(시사영어사편집국 옮김). *The Wisdom of the West/An Introduction to Christianity*(『서양의 지혜/그리스도교 입문』). 서울: 시사영어사, 1987.

Morin, Edgar(고영림 역). 『미래의 교육에 반드시 필요한 7가지 원칙』. 서울: 당대, 2006.

Noddings, Nel. *Caring: Feminine Approach To Ethics & Moral Education*. L.A: Univ. of California, 1984.

Noddings, Nel. "Caring", *Philosophy of Education*, ed., P. H. Hirst & P. White. London and N.Y, 1998.

Noddings, Nel(추병완 · 박병춘 · 황인표 옮김). *The Challenge to Care in Schools*(『배려교육론』). 서울: 다른 우리, 2002.

Parsons, Talcot(이종수 역). 『사회의 유형』. 서울: 홍성사, 1978.

Platon(박종현 역). 『국가 · 政體』. 서울: 서광사, 1997.

Rifkin Jeremy(이경남 옮김). *The Empathic Civilization*(『공감의 시대』). 서울: 민음사, 2010.

Tolstoi, Lev Nikolaevich(채수동 · 고산 옮김). 『인생이란 무엇인가』. 서울: 동서문화사, 2005.

Tönnies, Ferdinand(황성모 역). 『共同社會와 利益社會』. 서울: 삼성출판사, 1976.

Tronto, J. *Moral Boundaries: A Political Argument for an Ethic of Care*. N.Y: Routledge, 1994.

Wirsz, Jordan(신우철 옮기). 『백만장자 비밀수업』. 서울: 베스트프렌드, 2008.

찾아보기

〈저자약력〉

고려대학교 문학사(교육학, 철학)

한국학대학원 문학석사(철학)

고려대학교 교육학박사(Ph. D, 한국교육철학)

한국교육철학학회 부회장

동양고전학회 부회장

유도회 한문연수회 교수

현 고려대학교 사범대학 교육학과 교수

〈주요 저서〉

유교의 교육학 체계(2012)

교육과 학습(2012)

공자가 청춘에게(2012)

유교 사서의 배움론(2011)

대학, 유교의 지도자 교육철학(2010) 외 다수

배려와 학습

초판인쇄 2013년 2월 28일
초판발행 2013년 3월 5일

지은이 신창호
펴낸이 안종만

편 집 우석진 · 김효선
표지디자인 김지은
기획/마케팅 서원주
제 작 우인도 · 고철민

펴낸곳 (주) 박영사
서울특별시 종로구 평동 13-31번지
등록 1959. 3. 11. 제300-1959-1호(倫)
전 화 02)733-6771
f a x 02)736-4818
e-mail pys@pybook.co.kr
homepage www.pybook.co.kr
ISBN 978-89-6454-395-5 93370

copyright©신창호, 2013, Printed in Korea

* 잘못된 책은 바꿔드립니다. 본서의 무단복제행위를 금합니다.
* 저자와 협의하여 인지첩부를 생략합니다.

정 가 15,000원